JN114926

イラストで実況中継！

POP1年生®

“センス”がなくてもPOPは書ける！

POPの学校 校長
山口 茂

すばる舎

POP1年生®　はじめに

こんにちは。「POP の学校」の校長、山口茂です。

POP は「売る人」にとって一番身近な販促ツールでありながら、**苦手意識を持つ人が多い**のも事実。それでも、泣いたり笑ったり転んだりしながら、POP づくりに奮闘する人がいます。その人は、自分で描いたイラストをバーンと入れて、POP 制作のブログを書いています。彼女は、そうごう薬局に勤務する堀田佳乃子さんです。

僕は彼女のブログを読んだ時「そうそう、はじめはこんな感じだった！」と、つよく共感を覚えました。そして「ん？ これはもしかすると、彼女の POP 体験をなぞることで、多くの人が POP づくりを楽しいと思ってくれるんじゃないか？」と考えたのが、この本の企画のスタートになりました。

僕が最初に POP を書きたいと思ったのは、高校 1 年生の時。今から 48 年前のことです。偶然にも、高校の同級生のお姉さんがプロの POP ライターであることを知りました。その作品を見て興味がわいた僕は、彼女が仕事をする自宅へ通い、プロが書く POP をほぼ毎日見ていました。

うまい、速い、しかもキレイ！ 僕は、まるで手品を見ているようだと思いました。POP が生み出される様子があまりにも楽しくて、時間が経つのを忘れて見入っていました。

彼女が失敗した POP をゴミ箱に捨てようとしていたので、「もし捨てるのなら、僕にください」とお願いしました。僕はその POP をお手本に、密かに家で練習したのです。でも、その人が書いた POP をマネして書いているはずなのに、全然違う。どうしたらあんな風にキレイなPOP文字が書けるのか、とても不思議でした。

ある日、そのPOPライターの方が僕に「POPを書いてみる？」と言いました。当時のPOPといえば価格POPです。僕はものすごくうれしくて、舞い上がるほどでした！　この時のことを今でも鮮明に覚えています。

僕は彼女に「どの筆を使えばいいんですか？」と聞き、平筆とネオカラーで書いてみました。でも、線がプルプル震えて、全然うまく書けなかった……。**僕も当時は「POP 1年生」だったのです。**

あの時の僕は「書けない」という挫折感はありましたが、「もっとうまく書きたい。もっと練習しよう」と思いました。当時はPOPに関する本も、もちろんインターネットもなかった時代です。

僕は、そのPOPライターから書き方を教えてもらったわけでもなく、出来上がったPOPを見て覚えるしかありませんでした。

こんなことができたのは、POPを書くことがとても楽しかったからに他なりません。しかも、これを書けば商品が売れるらしいと聞いていたので、それを想像しただけで、僕の心はワクワク感でいっぱいになりました。この時、「僕はPOPが本当に好きなんだ！」と思ったのです。何事も好きじゃないと始まりません。

その後、CD、スポーツ用品や書籍などを販売する会社に入社。入社して間もなくから1年間、POPを集中して書きまくりました。23歳の頃、今から約40年前のことです。

ところが、高校時代からあんなに練習していたPOPなのに、どこがダメなのかわからないけれど、とにかくPOPを書いても売れません。

こうして僕は1年間POPを書きまくった後に、気づいたことがあります。

価格POPだけでは、商品は売れなかったのです。当時、お客さまの声を聞くと、「ボクに合うバットはどれだろう？」「外野手のグラブで売れているのはどれ？」といった質問が多くありました。僕は「POPでお客さまの質問にあらかじめ答えておくのが大事」ということに気づきました。

そこで、「握力のない非力な選手は細身のグリップだと力負けするので太いほうがオススメ」「実はこの店、元高校球児の店員がいます！」とPOPに書いてみると、お客さまがすぐに反応してくれました。

僕は、お客さまが「商品を買うことによって得られる自分のメリット」をほしがっていることがわかり、そのメリットを考えてPOPに書き始めたら、商品はおもしろいように売れ始めたのです。

「お客さまのメリットは何か？」と意識してPOPを書き続けると、僕の頭の中には、次々と言葉が浮かぶようになりました。仕入れ担当者に質問したり、メーカーの人から聞いたりして、商品情報もかなり調べました。また、商品を使ったりした「体験」をしないと、POPは書けないとも思いました。

つまり、POPの内容は、商品名や機能、特徴や原材料、価格などの「モノ情報」ではなく、お客さまのメリットとなる「コト情報」のほうがお客さまには伝わりやすいし、買う理由につながるのです。

これが現在、僕が提唱している「コトPOP」です。お客さまのメリットとなるコト情報は、次の「3つのコト」をいいます。

1．価値がわかるコト

・商品の素材や製法、生産地のこだわり

・専門家の評価や愛用者数

・生産者や販売員の想い……など

2．役に立つコト

・食べ方や飲み方、使い方の提案

・ランキングの表示

・簡単で便利という訴求……など

3．ワクワクするコト

・限定や希少品への期待感

・商品にまつわるエピソード

・購入者や販売員の体験談……など

これらの「3つのコト」のいずれか、または組み合わせて使うと、POPを見たお客さまは、自然に次のような言葉をいいたくなります。

「知らなかった！」（発見）
「へえ～、そうなんだ！」（興味・関心）
「うん、そうそう！」（共感）
「なるほど！」（納得）

お客さまのこのような言葉が「買う動機」につながります。販売員とお客さまとの会話は、すべてが質問です。「これはどう使うもの？」「本当に便利なの？」という質問。こういう質問の答えをPOPに書いてあげれば、お客さまの商品理解が深まり、商品の購入率も高くなり、買いやすい店だなあと思ってもらえます。

この本のタイトル「POP 1年生」には、「POPの学校」に入学したての1年生に読んでもらいたいという想いがあります。**でも、読んでほしいのは「POPの学校」の1年生だけじゃありません！**

もうすでに職場でPOPを書いているけれど、いろいろわからないことがある人には、**POPの基本を確認するため**。

これから新入社員にPOPを教えなければならない人には、POPを書き始めたばかりの**新人の頃の気持ちを思い出すため**。

その他にも、店や売場のまとめ役となって「POPを書こうよ！」と声をかける立場のリーダー1年生、店長1年生、営業マン1年生など、いろいろな立場の人たちがPOPの基本を理解するために、とてもわかりやすくて役に立つ本にしました。

著者である僕は「POPの学校」の校長ですが、**講師やコンサルタントの上から目線ではなく**（笑）、**1年生目線のPOP本は日本初**です。

この本には、地球上のすべてのPOPを「コトPOP」に変えるためにやって来たキャラクター「コトPOPper」（コトポッパー）が登場します。コトPOPperは、コトPOPを書くことでお客さまを呼び込み、商売繁盛につなげる**「進化系招きneko」**です。

さあ、コトPOPperと一緒にコトPOPを書いて、商売繁盛！

CONTENTS

第1章 POPの考え方

この章では、POPをつくるにあたって身に付けておきたい
心がまえや、POPの持つ効果を理解するなど
基本の考え方を紹介します。書き始める前に、まずは
しっかりと考え方を身に付けましょう!

POP に近道はない！
POP に必要なのはセンスではなく、数稽古

この本のキャッチフレーズは「センスがなくても POP は書ける」です。では、そのセンスとは何でしょうか？　多くの人が POP に必要だと思い込んでいるのは、「イラストが上手」「文字が上手」「色使いのバランスがいい」などの美的センスです。

でも実は、POP を書く時、これらはあまり重要ではありません。だから、センスがなくても書けるのです。POP に必要なのは、センスではなく、数稽古（かずけいこ）です。スポーツも習字もそろばんも、歌や楽器も、**極めるためには何でも「継続」がとても大事。**

とにかく POP を書いて、それを商品に付け、自分が書いた POP に対して、お客さまがどのような反応をするのか、売場でしっかり見るこ

と。「書く→付ける→反応を見る」これをひたすら何度も繰り返すうちに、少しずつ「売れるPOP」が書けるようになります。継続は力なり。POPに近道はないのです。

とにかく書けば、キラリと光るものが！

僕は「POPの学校」の他にも多くの企業研修で講師を務めていますが、どの研修でも共通して研修生に伝えているのは「とにかく書く」「いっぱい書く」ということです。その研修の時間が許す限り、書き続ける。例えば「30分間で、できるだけたくさん書いてください」というと、速い人なら5枚くらいPOPを書く人もいます。

「POPの学校」の個人勉強会には、その日、自分に課すテーマを決めて来る人もいます。

例えば、「今日はとにかく速く書く」「今日はキャッチコピーをたくさん考える」というように、意識を持って練習しているのです。この「意識すること」が大事なのです。

こうして数をこなすうちに、その中にキラリと光るものができることがあります。それが「もしかして、私はPOPが書けるかも！」という自分の自信につながります。POPを書く人にとって大事なのは、この「書けるかもしれない」という自信です。

「POPをたくさん書く」といっても、お客さまに見せられるものを、たくさん書くということです。人に見せられないようなものは書いても意味がありません。練習のつもりで書いていても、誰かに「このPOP、あの売場に付けてくるよ」と言われたら、「はい、どうぞ使ってください」と言えるようなものを書き続けるということです。

POP に必要なのは自信と度胸！

POP もキャッチコピーも、上手か下手かは関係ありません。大事なのは「お客さまに行動してもらう」こと。だから、POP を書いたら「下手だなぁ……」と思っても、必ず売場に持って行って、付けてください。

POP 1年生の中には、「え～！ 私が書いた POP を、こんなに目立つところに付けるんですか？ そんなの嫌です！」という人が多いでしょう。それは「自分に度胸がないから」「自分の POP に自信が持てないから」です。

自分が書いた POP を売場に付けるというのは、**度胸が必要**です。

お客さまが POP を見て買ってくれれば言うことありませんが、まずは自分が書いた POP がみんなの前にお披露目(ひろめ)され、お客さまに売場で見られるということに対して、度胸をつけなければなりません。

自分がつくった POP を売場に付けて、その POP に対するお客さまの反応を見ることが大事です。その商品が売れたのか、売れなかったのか。その売場の前でお客さまは立ち止まったのか、止まらなかったのか。それとも、立ち止まって商品を手に取ったのに、カゴには入れなかったのか。そういう**反応を見る**ことが大事なのです。

売場に POP を付けると、書いた本人には、その POP に自分の名前が書いてあるように見えるかもしれません。でも、それは意識過剰です。

実は、POP をお客さま全員が見るわけではないのです。お客さまは誰が書いた POP なのかは知らないし、誰が書いたのかと意識することもありません。POP はアート作品ではないので「誰が書いたの？ 下手だね」と思う人はいないのです。

POP 1年生のお手本は、あなたの店の過去の POP

「どこから始めればいいのか、わからない……」「会社から書けって言われたけれど、書けない……」と思うのは、みんな同じです。

物事を始める時には、**とっかかりが大事**。

指導する人も、いきなりハードルを上げずに、「これならできるだろう」という、やりやすいところから教えましょう。

大事なのは、人からやらされるのではなく、**自分からやってみたいと思うこと**。小学校１年生が漢字をひとつずつ覚えていくように、練習しましょう。

漢字を練習する時には、お手本を見たはずです。だから僕は、過去の POP をバックヤードに保管しておくことをオススメします。

過去の POP があると、新たにその店に配属された人たちが「この店はこういう POP を書くのか」と一目でわかるからです。「この POP はいいな」と思ったら、マネして書くこともできます。

中には、見づらい POP があるかもしれませんが、それもダメなほうの見本（反面教師）になります。

初めての POP は「日付とあいさつ」から

食品などは鮮度が命ですし、洋服や文房具には流行り廃り（はやりすたり）があります。だから、POP も鮮度感のある伝え方をすることが大事。「POP は鮮度感が命」なので、どんどん書き変えましょう。

１年前からずっと同じ POP だったり、日焼けして色あせした POP が付いていてはダメです。

では、POP の鮮度感はどのように出すのでしょうか？　毎日書けと言われても、書けないという人が多いのですが、実は、毎日何枚も書ける方法があります。**それは、僕が「あいさつ POP」と呼んでいる方法。**スタッフがお客さまに対して声をかけるような POP です。

あいさつ POP は、日付とあいさつだけを書いたシンプルなものです。朝は「おはよー！」から始まり、昼は「こんにちは！」と書き変え、夕方は「おつかれさまです！」というように、時間帯によって書き変えます。POP の大きさや文字の色は何でも OK です。これなら、１日３～４枚書くことができます。

最初から商品に付ける POP を書こうと思うと、とてもハードルが高くなりますが、このあいさつ POP なら誰でも書けます。書くことが「日付とフレンドリーなあいさつ」と決まっているからです。

この POP を書いたら、店内入口の最も目立つところに付けます。入口に商品の売り込み POP ではなく、お客さまへのあいさつ POP を付けるということです。日付を入れると、今日書いたということがわかるので、POP に鮮度感が出ます。「おはよー」「こんにちは」というあいさつで、朝昼晩という時間帯もわかりますし、気軽なあいさつを入れると、お客さまも販売員に気軽に声をかけやすくなります。

お客さまへフレンドリーに語りかける POP

定型文を１週間くらい書き続けたら、POP を書いている人はきっと飽きると思います。そこから少しずつ、季節の言葉やイラストを足したり、「今日は雨ですね」「昨日、話題のドラマ見ましたか？！」などと書きたい言葉を増やしていくのです。そしてさらに「今日は寒いですね。お鍋でもどう？」「今日は暑かったですね。ビール冷えてます！」というように、商品の情報を入れていきます。

このPOPのポイントは、**お客さまに対してフレンドリーに語りかけること**。短い言葉で、すぐに書くことができるのも大事。毎日、情報を更新すると、それを楽しみに来店してくれるお客さまが増えます。

これは「POPでお客さまにどのように声をかけるか」という、POP１年生にとってのいい練習になります。どんな言葉をかけるのかは、店によって違います。POPに「こうしなければならない」という決まりはありません。ぬくもりや、やさしさを感じられる言葉や文字を通して、お客さまとふれあうチャンスを増やしましょう。POPは、お客さまとの会話をつくり出すひとつのツールなのです。

上手なPOPは「商品が売れるPOP」

僕はたくさんの企業や店で研修をしていますが、研修生の多くが「POPがなかなか上達しない」とよく言っています。

彼らが悩んでいるのは「何を書けばいいのか？」「どう書けばいいのか？」ということ。

僕は「どう書けばいいのか？」はそれほど重要ではなく、「何を書けばいいのか？」がとても重要だと思います。

POPがうまくなるというのは、文字の書き方や線の引き方、色の選び方がうまくなるという、技術的なことではありません。POPの文字が上手だからといって、商品が売れるわけではないのです。「POPがキレイだから」と商品を買うお客さまは誰もいません。

僕が言う「上手なPOP」とは「商品が売れるPOP」です。POP文字を書く技術がうまくなるのではなく、POPの「考え方」をもとにして書き続けると、POPの「伝え方」がうまくなるということです。

「POPに何を書けばいいのか？」を考える時に必要なのは、次の3つです。

- **商品の良さを見つけること**
- **お客さまに役に立つ提案をすること**
- **お客さまにわかりやすく伝えること**

つまり、**POPが上達するというのは、「お客さまにとって役に立つ情報、必要とされている情報をPOPに書けるようになる」こと**です。売れるPOPというのは、POPから「声」が聞こえます。お客さまは、売る側の「生の声」に共感して商品を買います。お客さまが「うん、そうなの！ そういうのが欲しかったの！」と共感しそうなことをPOPに書くと、売れるPOPになるのです。

普通、販売員は品出しや接客やいろいろな仕事があるので、POPを書くのは3日に1回、15分くらいのことかもしれません。でも、それではPOPは上手になれません。POPを書く時だけPOPのことを考えるのではなく、その15分で何を書くかを準備しておいてほしいのです。

それは、「お客さまにとって役に立つ情報、必要とされている情報は何かな？」と考え続けることです。

街にあるすべてがPOPの参考になる！

最近では、自分の店のPOPをブログやSNSで紹介する人も増えてきましたが、僕はPOPを見る時は必ず実店舗に足を運びます。それは、インターネットでは見えないものが実店舗にはたくさんあるし、「空気感」は店に行かなければ感じられないからです。POP は自分の目で確かめること、自分の肌で感じることが大事なのです。

POP の本を読んで参考にしているという人もいるし、POP セミナーに何度も参加する人もいます。でも、デザインや色や書体の勉強をするだけでなく、次のステップとして、街中にある看板を見たり、店舗に入って POP を見てほしい！ なぜなら、そこに立体物として、実物があるからです。

ディスプレイも、商品の陳列方法も、POP だけではなく、学べるものはたくさんあります。
「ここにこんな POP があったら、この商品を買うかもしれない」
「この飲食店のガラスに、直接メニューを書いたら楽しそう」
「この店のロゴは、自分ならこんなふうにする」
……などのように、自分ならどうするのかを考えるのです。

ある時、「POP の学校」の生徒と一緒に街中を歩いていると、空き店舗があったので、僕は「ここに店を構えるとしたら、どんな店をつくる？」と聞きました。「雑貨店」と言う生徒がいたので、僕は「その理由は？」とたずねました。その空き店舗の両隣は、ラーメン店と丼物店という、主に男性をターゲットにした店だったからです。

このように周囲の環境が大事ということを学ぶのも、POP にはとても参考になります。これは例えば、店内で「隣の陳列棚には、どんなお客さまが来るのかな？」ということを考えて、POP の言葉を選ぶことにつながるからです。

01 はじめましてホッターです！

私のこと、POPとの出合いのこと、お話しします

みなさん、はじめまして、ホッターです！ 私は登山とカレーと熊本のゆるキャラ「くまモン」とロックバンド「BUMP OF CHICKEN」を愛する九州女子です！

POPのブログを書いていますが、私の職業は、福岡県にある調剤薬局の事務員です。受付にいて、お薬の処方箋を受け取ったりする仕事で、毎日いろいろな患者さんとお話ししています。

「調剤薬局でPOPを書くの？」とよく質問されます。一見、必要なさそうですが、私の職場では、PB（プライベートブランド）のサプリメントや市販のお薬を売ることも仕事なので、POPが必要なのです。

私が初めてPOPというものに出合ったのは、以前の勤務先であるドラッグストアです。当時、化粧品にはまったく興味のなかった私が、ある日突然「化粧品担当」になってしまったのです。

でも、主要商品のPOPを書くことで、商品の違いや特徴がわかるようになりました。つまり**「POPを書くと、商品に詳しくなる」**ということを体験で学んだのです。

その後、現在勤務する調剤薬局へ……。ここでは市販の薬なども販売していますが、なかなか売れません。調剤薬局は、患者さんが薬をもらいに来るので「何か買おう」と思っている人が少ないからです。

01 はじめましてホッターです！

そんなこんなで「どうしたらいいものか……」と思いながら、図書館からPOP関連の本を適当に借りてきました。そしてある休日、この本の何冊かを持って、温泉に行ったんです。

すると！ 温泉の休憩室でまったり読んでいた本の中に、山口茂校長の著書『**コトPOPを書いたら あっ、売れちゃった！**』があったのです！

コトPOPのことも、校長のこともまったく知りませんでしたが、私はその本を読むほどに「そう！そう！」と感じてうれしくなりました。

そして、速攻で飛行機に乗って東京へ行き、山口校長のPOP講座を受けたのです。

山口校長の講座は「超実践」で、参加者がプレゼンした商品を体験したり調べたりして、POPを書いて、できたPOPをみんなで見る、というもの。私が参加した日のお題は「しみ抜きペン」と「旅行」で、難しかった！ しかも、他の人たちは書くのが速い！ 私は全然遅かったです。

難しかったけど、この講座から福岡に戻って、**私は「POPって楽しい！」と思いました**。でも、まだまだPOP 1年生の自分がいます。

「売れるPOPが書けるようになったのか？」と言われれば、まだ書けません。それでも、「じゃぁ、や〜めた」とは不思議となりません。

日々勉強中です。

02 そもそもPOPって必要なの？

意外と知られていないPOPのすごい役割

「POPなんていらないよ」という話を、たまに聞くことがあります。

でも、いらないっていう前に、改めて一度、自分のお店の売場を見てください。そして、お店からPOPが1枚もなくなった風景を想像してみてください。

どうですか？　恐ろしいことになりませんか？　お店の中は何だか殺風景になって、ガラ～ンとした空気が漂いますよね。すっきりしていて、商品は見やすいかもしれないけれど、「楽しくお買い物♪」とはなりにくいと思うのです。そう！ **POPがないお店は、商品が並んでいるだけの倉庫みたいな感じです。**

陳列棚に同じような商品が並んでいても、POPがないと違いがわからないので、お客さまは「いつものでいいや」と思ってしまいます。

新商品やオススメ商品があっても、どんなものかわからないので、「何が良いんだろう？」と思うだけなのです。

POPがあれば、お客さまは商品の違いを知ることができるので、新商品と出合うことができます。

お店側もPOPがないと、「なんで売れないんだろう？」とモンモンとします。そのうちに、商品が消費期限切れ間近になってしまい、値引きしたり廃棄したりと、大変です。だから、POPは大事なものなんです。

02 そもそもPOPって必要なの？

今はウィズコロナ時代。「3密」を避けるのが当たり前になりました。

スーパーマーケットやドラッグストアなどでは、お客さまと1対1で「今すごく売れているんですよ～」などと直接お声がけして接客することがほとんどできません。

でも、売場にPOPを付けることは、いろんなPOPたちがお客さまに「接客」してくれるようなもの。私がレジに入っている時も、お休みでも、私の代わりにPOPがお客さまと話してくれます。

しーんと静まり返った売場より、POPが呼びかけておしゃべりしている売場って、生き生きとしていませんか？ そんなPOPたちがたくさんあったら、お客さまもスタッフも楽しいですよね♪

「POP？ 知ってるよ！ 商品の名前と値段とかが書いてあるカードでしょ？」という声も聞きます。商品名と価格だけでは、ただのプライスカードで、商品の良さを伝えていません。

例えば、100円の商品の隣りに、同じ種類だけどすごく珍しい1000円の商品を並べたとします。それを「1000円！」と書いたPOPで売れるでしょうか？ きっと売れませんよね。

POPはPOPでも、**お客さまが「うん、そうそう！」「なるほどね！」と思うPOPが良いPOPなんです！**

POPはスタッフに代わって、売場でお客さまへ商品の「良いコト」を伝えてくれる、とっても大切な存在です。それなので、「新商品だけど、時間がないから、とりあえず並べて置けばいいや～」とか、「後で書けたら書こうかな～」ではもったいないんです。

意識をして売場にPOPを付けていくと、すぐに売れ出す商品も出てくると思います。特に、レジに入っていたりすると、昨日より明らかにPOPを付けた商品をカゴに入れているお客さまが増えていることに気がついたりします。

そんな時は「POPと二人三脚できたあ～！」と、うれしくなります。

POPは自分がお客さまに伝えたいことを書いた、言わば「もう一人の私」。そんな「もう一人の私」を増やしていきましょう！

そうすれば、売場が少しずつ楽しい空間になっていきます。そんなワクワクする場所でお買い物できたら、お客さまも楽しいですよね♪

03 上手なPOPが書けない私ってダメ？

POPは見た目のキレイさより伝える言葉が大切

私なんてセンスないし、字も下手だし、才能ないし……と思うこと、しばしばあります。同じ商品を扱っていても、POPを書いてめちゃめちゃ売っている人がいると、「同じ商品なのに、なんでこんなに違うPOPになるんだ～！」と落ち込んだりもします。

初めてPOPを書く人やPOPにつまずいている人が、周りのスタッフや上司から「大丈夫、書けるよ！」って励まされたら、「そんなこと言われても……」って思いますよね。

むしろ、励まされれば励まされるほど、逆にプレッシャーに感じるかもしれません。

売上げアップのための販促業務なのに、「POP を書くこと」に対するちょっとした後ろめたさにビクビクしていたり、書いた POP で商品が売れない状況が続いていると、POP の効果が見えなくなったりします。

そして「この POP を書いた私ってダメなのかな？」と思うこともあります。

もし、何かのきっかけでやる気と勇気が出たとしても、再び実力不足な自分と出会うたびに、弱気な気持ちがむくむくと優勢になってきたりします。ますます「私ってダメなのかな？」と悲しくなる、なんてこともあります。でもね……大丈夫です。

03 上手なPOPが書けない私ってダメ？

上手なPOPが書けなくたって、ダメじゃないです。「お客さまはPOPがキレイだから買うんじゃない」って、いつも山口校長が言ってますから！ そう！ 私たちお店のスタッフは、ちょっと**POPの見た目を気にしすぎている**のかもしれません。

POPで大事なことは、お客さまに商品の良さが伝わること。「もっと売りたい！」「もっとPOPが上手になりたい！」「もっとお客さまの役に立ちたい！」と思う気持ちこそが大切。

この気持ちは「書いた人の気持ちの温度が伝わる、あったかいPOP」を書くために、絶対必要なものなんです！

見た目がキレイで上手なPOPは、メーカーさん配布の販促物でも替えができます。でも、お客さまのことを思って書いた「私の気持ちの温度が伝わるPOP」に替えはありません。今はちょっとだけPOPに慣れた私ですが、改めて考えてみると、以前はこの「気持ち」を完全に見落としてしまっていました。

「キレイなPOPが書けないから、ダメなんじゃないか」って思わないで、一緒に続けてみませんか？

一緒に迷ったり、悩んだり、落ち込んだり、それをわかってくれる仲間がいるって、すごくパワーをもらえますよ。

04 どうしたら上手に書けるようになるのかなぁ

POPとスポーツは続けることが上達の第一歩

「POPって、どうやったら、うまくなるんだろう？」

そんなことばかり考えている私。この悩みって私だけじゃなく、POPを書く人のほとんどが持っているはずです。私の周りにもめちゃくちゃたくさんいます。

中には「上司から書け書けって言われるからイヤ」という人もいれば、「POPなんて、才能ないからムリ！」「パソコンでつくるのならできるけど、手書きPOPが苦手」「書きたいと思ってるよ。思ってはいるんだけどね……」という人もいて、さまざまです。

「POP大好き！ POP得意〜♪」という人は、超マイノリティです。

でも私、思うんです。「POP って、どうやったらうまく書けるようになるんだろう？」と思うことが、すでに**「POP がうまくなるための道を歩き出している」**んじゃないかと……。

だって、そう思うってことは「今より POP がうまくなりたい」っていう向上心があるから。

この悩みでモンモンしている時、いわば「POP モンモン期」は、すごいレベルが高い POP を見たとか、時間かけたのに自分では大した POP が書けなかった時じゃないかな、と思うんです。そういう時は、自分はツライけど、超重要な POP の成長期だと思います。

04 どうしたら上手に書けるようになるのかなぁ

つまり、それは「ササッとうまいPOPが書きたい！」っていう「なりたい自分」と、それがまだできない「今の自分の実力」とのギャップに苦しんでいるんだなって思うんです。

このギャップがあるということは、自分の中に「こういうPOPが書きたい！」って理想があるわけです。

最初はこの気持ちが一番大事。そう思うことで、いろんなPOPに興味が持てるし、どこが良いところなのかを考えますよね。POPが上手になる王道は、楽器やスポーツと同じで、**「とにかく書き続けること！」**だと思うんです！

楽器やスポーツも、自分と同じレベルの仲間や上手な人がいたら、話をしたくなりますよね。POP も同じで、自分の周りで POP を書いている人がいたら、ドンドンお話しして、「そうだよね～！ わかる！」「こうやって書けばいいんだ！」という刺激をもらってください。

外側からたくさん刺激をもらうことが、POP 上達へのエネルギーになると、私は思います。

「続けていれば、うまくなる」を疑わず、「どうやったらうまくなるかな？」を考えることで、あなたの POP も私の POP も、ずっと進化し続けることができるのです。

05 うまく書こうとしすぎ

お客さまは上手なPOPだから読むわけじゃないんです

商品情報はたくさん調べたし、何を書くのかもだいたい決まりました。でも、書けない……。マーカーを握りしめたまま、紙の前でフリーズ！

こんなふうに「POPに何を書いたらいいのか、わからない」ということの大きな理由のひとつに「上手に書こうとしすぎ」があります。

商品情報を集めて、知識を増やした後も「何を書いていいか、わからない」という時は、「書きたいことを、紙の上でどう表現したらいいのかわからない」のだと思います。

POPの書き方にはルールがないから、なおさらどう表現すればいいのかわからないのです。

POPは、お客さまにとって見やすいレイアウトがあったり、読みやすい文字があったり、「これを知っているとPOPが書けるよね」という基礎知識はたくさんあります。

でも、それを知っていても、やっぱり手が動かない……。

紙の前で一文字も書けないまま、固まっている時があります。

そんなときは、「上手に書かなきゃ！」というプレッシャーを感じていて、気持ちはもう「書くのが怖い！」でいっぱい。たぶん、POPを書く人の多くがそう思っているはずです。だって、誰だって自分が書いた下手なPOPは見られたくないじゃないですか！

05 うまく書こうとしすぎ

私も「今まで自分が書いたPOPは、ほぼ全部、上手じゃない」と思っているので、正直に言うと誰かに「見せて！」なんて言われたら、全力で拒否したいし、隠したい……。見せた後の、みんなの冷たいまなざしを想像すると、とても怖い……。でもね、お客さまは本当に「上手なPOPだから」見るのでしょうか？

私は自分がお客さまとしてお店に買い物に行って、POPが目に入った時、「上手か下手か」を考えたことはありません。「興味があるか、ないか」を無意識に判断しています。だって、楽しそうなコト、役に立ちそうなコトが書いてあったら、やっぱり気になる～！

POPは芸術作品ではないので、「見映えが良いこと」ではなく、**お客さまが「知りたい」「役に立つ」ことをしっかりと書くことが大事なんです！** だから、ちょっとぐらい文字が汚くても、描いているイラストが下手っぴでも、ちゃんと読めればいいんです。

「この商品、すごくおいしかった！ お客さまに伝えたい！」と思ってPOPを書くと、自分もワクワクしてきます。気持ちが伝わる手書きPOPは、そのワクワクを載せることができるのです。

それがお客さまに伝われば、「気になるPOP♥」の誕生というわけ。

だから、うまく書けなくていいんです♪

06 だからPOPのセンスって何？

粘り強さもPOPに必要なセンスのひとつです

せっかく頑張ってPOPを書いたのに、商品が全然売れないことってありますよね。「ま、どうせ自分なんてセンスないし」「字も下手だし」「キャッチコピーも書けないし」「イラストも描けないし」「そもそも才能ないし」って言いたくなったりしませんか？

ちょっと待って！

それ、あなたにセンスがなかったからじゃないですよ！

「売れないなぁ」と思った商品のPOPって、いつ書きましたか？

まだ1枚しか書いていない、なんてことないですか？

一度貼ったら「貼りっぱなし」ってこと、ないですか？

もし、ひとつの商品に1枚しかPOPを書いていなくて、それが売れていないのなら、あなたに足りないのはセンスじゃなくて粘りです。

1回書いただけで、商品が飛ぶように売れるような「100発100中」のPOPを、毎回つくることができる人はほとんどいません。

「売れるPOP」を書ける人は、季節や行事に合わせてPOPをバージョンアップさせたり、日々、売場とお客さまを観察して、2枚目、3枚目とドンドン書き直しています。決して「1枚書いて終わり」ではないんです。**売れるPOPが書けるようになるまで、あきらめない「粘り強さ」が必要です！**

06 だからPOPのセンスって何？

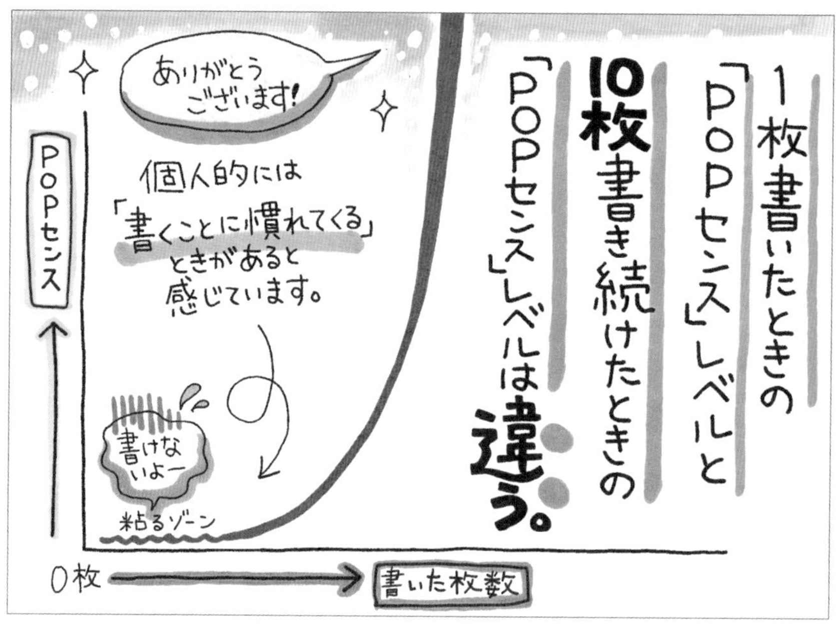

意外に思われるかもしれませんが、どんなにPOPが上手で、サラサラッとつくっているように見える人でも、「これでいいかな？ もっと良くならないかな？」と、悩みながら書いている人が多いんです。

そうやって悩みながら、**何枚もPOPを書いていくうちに、「POPを書くセンス」というものが磨かれていくんだと思います。**

POPを書く人たちの中には「自分にはセンスがない……」と言う人が多いですが、最初からセンスのある人なんて、ほとんどいません。

それでも書くことをあきらめずにいると、私は「書くことに慣れてくる時期」があると思っています。

「どんな商品でも売り切る人」のお話を聞いたことがありますが、その人は「売れなかったら、**売れるまでPOPを書き直す**」のだそうです。

例えば、同じ目薬でも、春は新入社員向け、冬は乾燥が気になる方にと、同じ商品でも季節によって、お客さまに伝えることは変わりますよね。売れなかったら、売れるまで「次はどんなPOPにしようか」と考える粘り強さが「売れるPOP」になるんだと思います。

だから、1回書いたPOPで商品が売れなくても、それはセンスがないからではありません。ちょっとした粘り強さを発揮できるかどうか、なのではないでしょうか。

07 商品についてもっと知ろう！

商品を知って生まれる愛着がコピーの素になる

それでもやっぱり「POPに何を書いていいのか、わからない」ってことありますよね。その間は「どうしよう……」と思うだけの恐ろしい時間です。ああ、ホントに困る！

そんな時は、POPを書く商品について、根掘り葉掘り調べちゃえばいいんです！ ちょっと話が飛ぶけど、もし、みなさんに好きな人ができたら、根掘り葉掘り、なんでも知りたくなりませんか？

商品のことを知るのも、それと同じなんです♪

POPを書くには、商品のことを知らないと書けないんですよ。

キーワードはズバリ、「興味」です！

商品のことを知るには、自分で実際に食べたり飲んだり、使ってみて、見ただけじゃわからないことを体験するのが一番。化粧品なら「しっとりする」「私の肌に合う」「色みが思ったのと違う」などがわかります。

そして、その次に商品のホームページを見ます。パッケージや体感ではわからなかった商品の工夫や特徴など、すごくわかりやすく書いてあることが多いんです！ お客さまとお話しする時の、ちょっとしたネタを探すこともできるので、オススメですよ。

他にもパンフレットやネットレビューだけでなく、売場担当者の話や、PB 商品なら開発担当者に話を聞けたら最高ですね！

07 商品についてもっと知ろう！

POPを書くために調べた商品知識は、「これは、実はこんなに良い商品なんですよ」というように、お客さまとお話しする時にも役立つので、接客にも自信が持てるようになります！

例えば、メーカーの担当者さんと直接お話しするのも、とても勉強になります。商品ができるまでの道のりや、どんな工場でつくられたのかなど、表には出てこない商品誕生のエピソードを知ることができます。

いろいろ調べると「へ～、そうなんだ！」「初めて知った！」「実はすごく便利！」と思うことがあるはずです。そう！ それをPOPに書きましょう♪

商品のいろいろなコトを知ると、ただパッケージを眺めていた「ふ〜ん、そうなんだ……」という気持ちから、「これ、すごくいい！」という愛着が持てるようになります。すると、お客さまともっと楽しく、イキイキとお話をすることができるようになるんです！

商品について詳しくなると、POP が書ける上に、お客さまからも喜ばれちゃいます！

今までまったく知らなかった商品のことを調べるのは、ちょっと時間がかかるかもしれません。また、自分で体験できないものもあります。だから、まずは自分で出来る範囲から調べてみてね♪

08 不安は調べまくって解消する！

「？」と思った時が商品の調べ時

私はお薬のPOPを書くことも多いのですが、サプリメントや医薬部外品のように「医薬品」じゃないものに「効く」と書くと法律違反になることもあるんです。POPを書いていると「あれ？ これは医薬品？医薬部外品？ どっちだっけ？」と迷うものもあります。

そんな時ヤバイのが、「ま、いっか」と進めてしまうことです。たいていの場合、この「あれ？」という疑問は「まちがってるよ〜！ 確認したほうがいいよ！」のサインです。

このサインを、「**ま**(MA)、いっか」とか「**め**(ME)んどくさい」とか「**も**(MO)う時間がないから」の**3M**でスルーすると、大変なことになります。

医薬品として扱われていない栄養ドリンクのPOPに「効く！」と書いたからといって、それをとやかく言ってくるお客さまは、登録販売者や薬剤師、医師などでもない限り、ほぼいないでしょう。

また、書いた本人は「そんなとこまで誰も見てないし、気にしていないから、バレないでしょ」と思うかもしれません。確かに、バレないこともあるかもしれません。

でも、ちょっと待って！ もし、POPを書いている時に、「あれ？」のサインが来たら、そこでいったんマーカーを止めて、自分が安心するまで商品のことを調べ切って、**ウラをとって**ください。

08 不安は調べまくって解消する！

医薬品と医薬部外品の違いのように、書けば法律違反になるものだけでなく、どんな商品でもPOPを書いていると、「あれ？」と引っかかることがあるかもしれません。

商品の使い方、原産地、価格、キャンペーン期間、商品の種類（色やサイズ）、効果・効能、入荷時期など、**「ん？」と思ったことがあれば、その時にすぐ調べましょう。**

大体のことは、商品パッケージを確認すれば解決！

それでもわからないときは商品の担当者、メーカーのホームページやお客さま相談室に聞けば、ほぼわかります。

間違った商品知識を書いたPOPは、お客さまに「嘘」を言いふらしているのと同じです。もし、POPに書いてあることが嘘だった場合、そのPOPによって、あなたのお店の信頼はなくなります。

チェーン店だったら、お店だけではなく、あなたの会社の信用も完全になくなってしまいます。そして、そんな時のクチコミって、怖いほど速く広く、事実より大きく伝わってしまうのです。

確認するのはたった5分でも、失った信用は5分ではとうてい取り戻すことはできません。だから「ん？」と思ったその時が、商品を調べるスイッチでありチャンスなのです！

09 ピン！ときたらメモ！

言葉やアイデアを忘れちゃうのはもったいない！

お客さまが商品について話をしていることなど、売場などで小耳に挟んだ言葉が「あ！ これ POP に使えそう」と、ピン！とくることってありますよね。そんな時は、**すかさずメモしましょう！**

私はいつも、こういう緊急時（？）に備えて、ポケットに手の平サイズのノートを入れています。

ポケットにノートを入れておけば、ピン！ときた時にサッと書き込むことができるし、メモ用紙みたいに紙がバラバラにならないのが良いです。このピン！ときた時の言葉やアイデアは、他の仕事をしていると、ほぼ忘れてしまうと思われるので、必ず書きましょう。

せっかく、「あ! これPOPに使えそう」と、ピン!ときたのに、忘れちゃうのって、とってももったいないですよね。

仕事中などで、どうしてもノートを取り出せないときは、なんでもいいので、とにかく文字として残しておくようにしましょう。

もう使用しないチラシの裏でも、レジスターの用紙でもいいので、書いてもOKなものに**単語だけでも残しておく**と、あとで思い出しやすくなります。

最終手段は「手に書く」ですが、油性マーカーじゃないと、すぐ消えちゃうし、書きすぎると見た目が汚いので、気をつけてね!

09 ピン！ときたらメモ！

この「ピン！」とくることは、「何かいいアイデアないかなぁ？」と探しながら仕事していると、ドンドンやってきます。

仕事中だけではなく、外出中も、お昼休み中も、ドンドンひらめくものなのです。「以前もメモしたかな？」と思っても、できるだけ書き留めておきましょう。

私は外出中にピン！とくると、スマートフォンのメモか、ボイスメモを使っています。自分がいる場所や一緒にいる人、自分の気分によっても、ピン！とくることは変わります。だからこそ、メモとして残すことをオススメします！

このメモが、POPをつくる時に役に立ちます。

「あ、確か、この商品について、この前メモしたな……」と、ノートをパラパラとめくってみましょう！　そのままキャッチコピーや説明コピーに使えるものがあると思います。きっと「私、けっこういいコト書いてるじゃん！」と自分に感心しますよ。このメモは、POPを書く時に、「さて、何を書こうかな」と考える時間を短縮できる上に、ピン！ときたものって、**ハートが素直に感じた「いいね♪」に反応している**ので、内容もバッチリなことが多い！　ハートがキャッチした言葉とアイデアを、お店のいろいろなところで生かしてみてね♪

10 POPを書いたらお客さまの反応を見よう

POPを取り付けた後が本当の勝負です

突然ですが、あなたに質問です。POPを売場に取り付けたあと、どうしていますか？

「どう、って何？」と思った人、いると思います。実は、POPって取り付けたあとが、大事なんです。

そう！ POPは、つくって「はい終わり！」ではないんです。だから、**POPを取り付けたあとは、お客さまの反応を見ましょう〜！**

「売場で商品を選んでいるお客さま、POPを見てくれているかな？」

「POPを付けた商品の売れ行きはどうかな？」

などなど、その商品の前を通る時、気にかけてみてください。

POP って、書いて付けたあとは、ついつい「放置」されていることが多い気がします。

例えば、赤ペンで書いたはずの「オススメ」の文字が、日光にバッチリ当たりまくって、黄色に変わっていたりしませんか？

自分が書いた POP が、お客さまにとって良かったのか、それとも伝わっていないのかは、すべてお客さまが教えてくれます。

お客さまはとても正直です。自分では上手に書けたと思っても、その POP が見られているのか、商品が売れているのか。お客さまの反応を見なければ、その POP が良いのか、良くないのかはわかりません。

10 POP を書いたらお客さまの反応を見よう

お客さまの反応をしっかりと見て、POP に生かしましょう。私の場合は、自分が書いた POP に対するお客さまの反応を 1 週間から 10 日間ぐらい見て、「次はどんなふうに変えるか」を考えています。

POP 1 枚では「あまり反応がないな……」というのも、お客さまの大事な反応のひとつです。 POP が付いた商品を手に取って、また棚に戻しているお客さまが多いなら、ひとコト POP を付け加えたりします。

例えば、「大人気 POP」を追加して付けることで、より注目度が上がったり、「これ、どんなふうにいいの?」と興味を持ってくださるお客さまが増えるかもしれません。

POPを付けてからあまり日数がたっていないと、お客さまはまだPOPを見ていなかったり、逆に期間が長すぎると売場の「風景」になることもあります。**ひとりのお客さまから「感想」「質問」「売場での反応」があれば、他のお客さまの反応を代表していると思ってください。**

お客さまがPOPにどんな反応をするのかを見ることで、ドンドン売れるPOPが書けるようになります！

そう考えると、POPを書く人って、お客さまに育てていただいてますよね。お客さまからの貴重すぎるメッセージ、しっかり受け取って、**他のお客さまにお返し**していきましょう♪

11 売れない時こそPOPの出番

お客さまに商品の価値をきちんと伝えよう

ドラッグストアや調剤薬局で働いていると、「ええっ!?」と思うような、価格の高い健康食品や化粧品を売らなければならないことが、必ずあります。

そういう時は決まって、スタッフの本音の言葉が飛びかいます。

たいていは「高すぎる!」「これが○○円もするの!?」というような散々な言われようですが、これが実は、かなり大事です。

なぜなら、それは、売場でお客さまが思っていることと、まったく同じだからです。商品の外側（パッケージや容器など）と価格しかわからないと、お客さまはこんなふうに思う、ということなんです。

「高すぎる！」「これが○○円もするの！？」と言ったスタッフも、その商品を見たお客さまも、なぜそんなに高いのか理由がわからないから、それだけお金を払う価値のあるものなのか、不安なんです。

今までの自分のお買い物の中で、「高かったけど買ってよかった」と思うものありませんでしたか？

いつものお肉よりも高級なお肉を買った、いつもの化粧品よりも何倍も高い商品を買った……など。そういう時って、きっと自分では「高いけど、納得して買った」「こんなに高いのは初めて買うけど、値段以上の価値はあるはず」と思うのです。

11 売れない時こそ POP の出番

ところが**「こんな高い商品、売れないよ！ 無理だよ！」という時、POP がすごい力を発揮してくれるんです。**

「気になるお肌の悩みをこの化粧品で解消できたら、出勤前の気分が上がるかもしれない」「家族の誕生日には、高くてもおいしいお肉を食べることができれば、みんな喜んでくれるかもしれない」など、それを買ったことでかなう「良いコト」がハッキリ POP に書いてあると、お客さまは「よし、買う！」と決断する、と私は思います。

そのためには、販売スタッフがその商品について知り、納得するのが一番！ 商品知識をスタッフみんなで共有しましょう！

高すぎて、思わずブーイングの商品も、販売スタッフが見るべきなのは「価格」ではありません。一番見るべきところは「お客さまのどんな希望をかなえ、どんな悩みをサポートできる商品なのか」です。

そのためには、まず商品知識が必要不可欠。

「確かに値段は高いのですが、実はこんなふうに良いんですよ」

とお客さまにも言えるようになります。

そして、お客さまが「へ～！」という言葉を発したら、自分の話したコトをPOPに書いてみてください。その商品が、高くてもお客さまの役に立ったら、うれしいですよね。

12 POPを書くといろんな能力がアップする

実は商品知識や接客力も上がるんです

もし、毎日POPを書いていたら、POPが上手になりますよね。

でも実は、ただPOPを書くレベルが上がっているだけではないんです。他のいろいろな能力も、すごく伸びます。

一番は、商品知識が増えます！

例えば、新商品の口紅のPOPを書く時は、「どこがどんなふうに良いのか」「以前と比べてどこが違うのか」「どんな特徴があって、どれくらい本当なのか」など調べまくります。また、使い心地を確認するなど、自分でもいろんなことを試すので、お客さまへ説明する時に、ダイレクトに「商品知識が増えた！」と感じます。

そして、接客力も上がります！ 商品知識がないと、質問されてもあたふたしがちですが、POPを書く時に、資料を読み込み、商品も使っているので、商品知識はバッチリ！ お客さまとスムーズにキチンとお話ができるようになります。お客さまの疑問に、ひとつひとつお答えすることもできますよね。

つまり、商品知識があると、自分が平常心で接客することができるようになるのです。

自分に自信が持てるようになり、接客力が上がります。すると、お客さまが安心するので、信頼していただけるようになります！

そして、POPを書くと上がる能力の3番目は、今までは何だかわからなかった商品に対しても、**興味・関心のアンテナがピンと立つようになることです！**

「似たような商品があるけど、何が違うんだろう？」と調べたり、詳しい人から聞いたりして、価格の違いや成分の違いがわかるようになって、また商品知識が増えます。

お客さまと話せば話すほど、いろいろな質問や要望を受ける機会も多くなり、経験値が上がるので、さらに商品知識も接客力も上がります。そして、その経験によって、また良いPOPが書けます！

例えば、はじめはどれも同じにしか見えなかった化粧品も、自分の言葉を使ってPOPを書くと、「自分なりに」商品についてわかるようになります。

POPを書き続けることで、商品知識が増え、接客がより自然になり、結果的に、お客さまのお役に立つことができます。

他の商品との違いがわかったり、似たような商品を見つけてつなげられるようになり、売場の商品の特徴も「自分なり」にわかるようになります。POPを書いていて「あ、前よりも力が付いてきたな」とわかると、POPを書くのがもっと楽しくなります！

13 耳には痛いが役に立つ

上司のアドバイスはお客さまの気持ちの代弁

「なんかさ〜、センスないよね〜」

これは、私がある上司から言われたことがある言葉です。一生懸命POPを書く練習をしているスタッフに、上司が気軽に言ってしまうこともあるかもしれません。

言われた人によっては「じゃあ、お手本、見せてくださいよ〜」とうまく投げ返したり、「すみませ〜ん」と言って、書いているPOPをすぐに修正できると思います。でも、POP 1年生にはものすごくハードルが高い言葉です。「もうPOPは書かない！」と傷つき、やる気も全然なくしてしまう人もいるのではないかと思います。

「センスないよね～」と言った人は、言われた人がそんなに真剣に受け取るとは思っていないことが多いのですが、「どうせセンスがないのは始めから自分でもわかっていたし、そんなこと言われるぐらいなら書きたくない！」「じゃあ、あなたが書けばいいじゃない！」と険悪ムードになることも……。

実は私も、生まれて初めてPOPというものをつくり始めてから半年ぐらいは、いつも「書いたPOPに何かケチをつけられるんじゃないか」と思っていました。だから、自分が書いたPOPを売場へ出すたびにドキドキしていました。

13 耳には痛いが役に立つ

私にPOPを勧めてくださった上司は、自分でPOPを書くのは大の苦手でしたが、とてもお客さま想いで、手書きPOPの大切さがわかる人でした。何でもハッキリと教えてくださる人なので、私がつくったPOPには、時には厳しいコメントが付きました。

だから最初の頃は、私のPOPで売上げが上がるなんて、1ミリも思いませんでした。

そんなことよりも「上司からどんなコメントされるのか怖いから、POPを外したい……。でも、見てほしいような気もする……」というようなことで、頭はいっぱいでした。

私がその上司からいただいたアドバイスは、「売場に合わせた大きさにする」など、すぐに次の POP に生かせることでした。

今思えば、それって、「売場で POP を見たお客さまが思っていること」を代弁してくださったわけで、実はすごくありがたいアドバイスだったんですね。売場でお客さまから直接、「この POP 読みにくいよ」などと言われることは、ほぼありませんから。

POP は書き続けると、ドンドンうまくなると思います。だから、あなたも、上司から「次もよろしく！」って言われたら、前向きに頑張って書きましょう～！

14 スタッフがPOPを書いたらほめる

お客さまの反応やスタッフの評価がガンバリの原点

POP 1年生がPOPを書くきっかけは、「POPを書かないといけなくなったから」という消極派から「書きたいからチャレンジしてみた」という積極派まで、いろいろあると思います。POPを書き始めたばかりの人や「POPは苦手だなぁ……」と感じている人が**POPを1枚書き上げることは、とてもスゴイことなんです！**

実際に「POPを書く」までには、「下手なPOPを見られるのが恥ずかしいなぁ」という精神的にも、そして物理的にも、時間的にも、まるで登山家が谷を渡り、尾根を歩くように、いろんなことを乗り越えてきているんです。

初心者がPOPを書くためにクリアしなきゃいけない、いろんなことは、例えば「時間がないのに、めんどくさいなぁ」というハートの面から、紙やマーカーなどの道具、キャッチコピーやレイアウトなど……。

POPの設置に至るまでには、細々（こまごま）とした問題をたくさん乗り越えなくてはなりません。

慣れないうちは、大きかろうが小さかろうが用紙の大きさに関係なく、1枚書くにも考え考え、やり直しを繰り返しながら何時間もかかったりします。それでも結局、書けないことだってあるかもしれません。多くの人がそんな経験をしていると思うんです。

14 スタッフが POP を書いたらほめる

POP をつくっているスタッフが必死になっている時に、周りのスタッフから「頑張ってるね！」「いいね！」と声をかけてもらえると、とてもうれしくて、勇気づけられるんです。「これでいいのかなぁ」とドキドキしながらつくっているので、その言葉のおかげで、自信を持って書き進めることができるんです！

ましてや、お客さまがその POP を見て商品を買ってくださったら、そして、そのことを「さっき、お客さまが POP を見て買ってたよ」と他のスタッフが教えてくれたら、それこそ天にも昇っちゃうほどうれしいはずです！

「お客さまが POP を見て買ってたよ」「POP 見てたよ！」「本当？ うれしい！」という会話が増え、お店の雰囲気がもっと明るくなって……。

それはジワジワとお客さまにも伝わっていきます。すると、POP をつくる人も周りも、新作 POP がとても楽しくなってくるんです。**これが「POP ワクワク サイクル」です！**

ほめられるって、誰でもうれしいこと。

自分がつくった POP に対して、一緒に働くスタッフからのポジティブな反応を感じると、ワクワクして、やる気が出てきちゃいます！

POP を書く人をほめて、このサイクルに乗せてくださいね。

15 同じ業種のお店を見てみよう！

POPづくりにお客さま目線をすぐに生かす

今回は、POPを「書く」のとはちょっと違うお話です。でも、POPを書くときにすごく役に立つと思いますし、すでに実践されている人もたくさんいると思うのですが、**自分が働くお店と同じ業種のお店のPOPを見ること**をオススメします。

外に出ると、街にもお店にもPOPがあふれていますよね。POPを書き始めたばかりの人が、外出先でPOPを見るのなら、「同じ業種のお店」に入りましょう。

当然ですが、まったく同じ商品や似ている商品が置いてあるからです。きっと気づきが多いと思います！

自分が働くお店と、まったく同じ商品や似ている商品が置いてあるお店だから、いいのです！

同じ商品でも、自店とはまったく違う陳列。似た商品でも、思わず見てしまうPOP。そして、同じ業種だからこそ、ヒントになるキャッチコピーなどなど、いつも見慣れた自店との差がわかります。

私はある日、別の薬局さんへお薬を分けていただきに行ったのですが、私の職場と同じ商品がたくさんありました。業務中なので、変にウロウロ、シゲシゲ見ることができず、その場に立ってじっとしたまま、自分の視界の幅をシマウマ並みに（？）広げて見て来ました。

さて、私がお邪魔した薬局さんの中で、一番気になったPOPと商品は、「100万本 売れたハンドクリーム」というものでした。やっぱり、

「売れた数POP」

は、「そんなに売れるなら、まちがいない商品よね！」という**お客さまが安心しちゃう説得力**を持っています。

ただ、よくテレビCMとかで見られるような「累計100万本 突破！」などといった、想像できないくらい大きくてザックリした数字よりも、例えば「1カ月で777本 売れました！」というような**身近で具体的な数字**のほうが、個人的には信頼できる気がします。

自分が働くお店がスーパーマーケットなら、別のスーパーマーケットへ。自店がケーキ屋さんなら、別のケーキ屋さんへ。自店が家電屋さんなら、別の家電屋さんへ……。

同じ業種の似た商品の別の売場のPOPを見ると、自店に帰った時に似た商品へスライドさせて考えることができます。だから、今、自店で付けているPOPの、どこをどんなふうに改善したらいいのか、わかりやすいです。

あ、ただし、参考にしたお店のPOPを丸写ししちゃうと「パクリ」になっちゃうので、必ず自分のコトバで書くようにしようね！

16 違う業種のPOPも見てみよう！

POPづくりに新しいアイデアを取り入れる

この前、たまたま入った、とあるコンビニエンスストアのPOPが、個人的に楽しすぎたので、突然ですが、イラスト実況します。写真がないので、記憶を頼りに再現してみました。あいまいなところもありますが、だいたいこんな感じです。

まず、そのコンビニに入って、すぐに目に入ったのが「テレビで紹介されました！」というPOPです。シンプルだけど、やっぱり気になる！ そもそも、この商品に何かの話題性がないと、テレビとかで紹介はしてくれませんよね。**「テレビで紹介された理由は何だろう？」と知りたくなるから、ついPOPを見てしまいます。**

次は、**居酒屋のお品書き風のPOP**です。このコンビニさんは、冷食やチルドの種類が充実しています。今までも、商品を見て選ぶ楽しみはあったのですが、このPOPだと、何があるのかが一目でわかるので、便利だなぁ～と感じました。

お品書き風の商品札が取り外し可能なのかはわかりませんでしたが、もしそれができるならば、「改廃」と言われる商品の入れ替えのときの、POPメンテナンスもしやすそうで良いですね！

いつか、冷食やチルドの売れ筋ランキングになったりして？！

実は秘かに楽しみにしています。

16 違う業種の POP も見てみよう！

このコンビニに行ったとき、レジ横のお菓子にも POP が付いていて、その誘惑にあっさり負け、ついで買いをしてしまった私……。

その時にレジを担当してくれたアルバイト店員さんに、「あの～、ちょっと商品とは全然関係ないんですが……」と、POP について質問をしてみました。

がぜん、緊張し始めるアルバイト店員さん！

私「POP がすごく上手だなぁと思って……」 **店員さん**「あ、あ！ POP ですか？ 絵の専門学校に行っているアルバイトがいるんですよ。好きみたいです、POP 書くの」と、一生懸命答えてくれました。

私がコンビニで「POP良いですね！」と言ったことは、きっと書いた本人に伝わっていると思います。

ちょっと偉そうなこと言うと、私の言ったひと言が、POPを書いた人の今後の仕事観に、何か残ればいいなぁ。

POPだけでなく、外食で「おいしい！」とか思ったら、私はなるべく学生アルバイトさんに「おいしかったです」と伝えるようにしています。一生懸命に頑張っていても、なかなかお客さまからほめられる声を聞くことって少ないんですよね。だから直接言われると、すごくうれしくて、仕事が楽しくなって、工夫をしたくなりますよね。

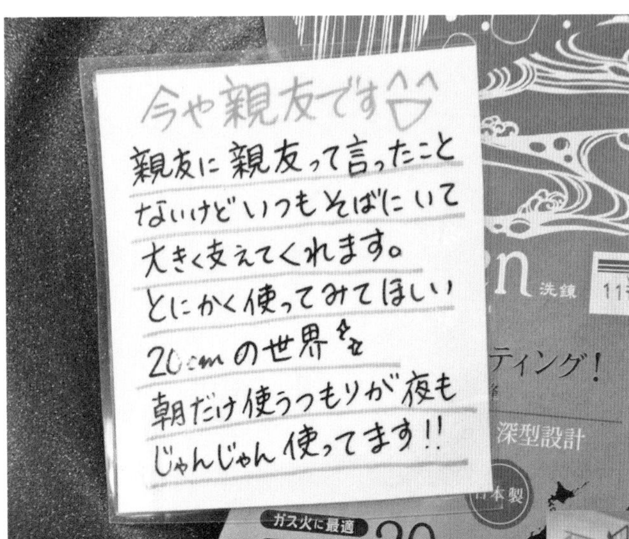

使用頻度が高いことを「親友」と呼ぶ言葉選びが楽しい。最後に自分の体験を書いて、お客さまの納得感を引き出した。

飯田屋

料理道具専門店／東京・台東区

「人間くさく、正直なPOPはお客さまの心に届きます」

飯田 結太さん

ひとつのカテゴリーにたくさんの商品がある専門店では、それぞれの商品の違いがわかりにくいもの。そこで活躍するのがPOPです。東京・浅草の合羽橋道具街にある料理道具専門店「飯田屋」では、スタッフが実際に商品を使った体験をもとにユニークなPOPを書き、プロの料理人はもちろん、外国人や一般のお客さまからも人気を集めています。

この店には、鍋や包丁、まな板などをはじめ、ありとあらゆる料理道具が並んでいます。専門店だけに、フライパンは約100種類、おろし金は約 150 種類、にんにく潰し器が約 50 種類など、ひとつのカテゴリーを深掘りする品揃えが特徴です。

このような店では通常、自分が買いたい商品の売場だけを見ることが多いのですが、この店は「料理道具のワンダーランド」のように、目的以外の売場も見たくなります。

それは、店内に次のような楽しい POP がたくさんあるからです。

- **POP 用紙は黄色、文字は黒、ラインは赤に統一。**
- **何に使うのかわからない商品には、使い方や商品の説明を書く。**
- **刃物の切れ味など、商品を使った時の体験や感想を書く。**
- **アイデア商品には、開発者の想いを書く。**
- **フライパンには「今や親友です」、大きな寸胴鍋には「風呂。じゃないよ。」などユニークなコピーを書くこともある。**

この店の POP は、飯田結太社長が中心となってスタッフ全員で書いています。飯田さんは、商品である料理道具に黄色がほとんどないため、POP 用紙は目立つ黄色に統一しました。

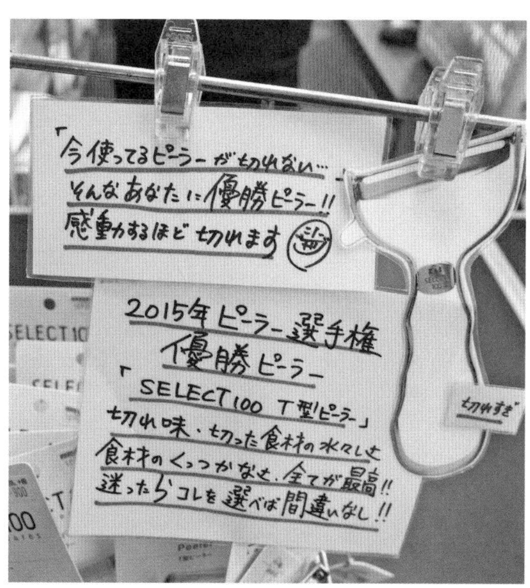

なぜ優勝したのかという理由が、具体的に伝えられていて説得力がある。写真を付けて、形から商品がわかるようにした。

POP にいろいろな装飾をすると、店内が雑然と見えるため、用紙に余計な装飾をせず、商品が目立つ色で統一したのは大事なことです。

POP を付けることによって、新商品ではなく

インバウンドPOPは海外のお客さまのためであり、英語が苦手なスタッフにとっての心強いテキストでもある。

とも商品価値が再発見され、思わぬヒット商品になるものもあります。

例えば、1個約5000円という高価格のおろし金には、飯田さんが商品を使った体験から「大根おろしがフワフワ食感!」と書いたPOPを付けました。

すると、それまではほとんど売れていなかった商品にもかかわらず、入荷がストップするくらいの売れ行きになりました。

また、日本人なら誰もが知っている木製の落とし蓋には、「落とし蓋とは何か?」を英語表記したPOPを付けています。このPOPを付けてからは、外国人のお客さまから「オトシブタとは何ですか?」という質問が減り、購入者が増えました。

これは、この店のアルバイト店員の長沼聡美さんが、前職での英語経験を生かしてつくったPOPです。

主婦でもある長沼さんは、この他にもこの店のヒット商品を生み出しています。彼女は、主婦のお客さまがPOPを見た時に「そうなのよ!」と思ってくれるような言葉をPOPに書いているそうです。

この店ではPOPだけでなく、商品を見つけること、取引先と交渉すること、仕入れることなど、すべてスタッフみんなで取り組んでいます。新入社員でも、この業界で初めて仕事をする人でも、200万円の権限を与えられて好きなものを仕入れることができるのです。

そして自分が仕入れたものには、必ず自分でPOPを書きます。飯田さんは「短い言葉でその商品の良さやストーリーをまとめるのは、とても能力がいること。それができれば、自分がお客さまに商品を伝える時も、端的に伝えることができる」と考えているからです。

飯田さんによれば、**料理道具の業界には「作り手」「売り手」「伝え手」の3者がいます**。「僕らは売り手であり、伝え手。作り手の愛情やストーリーを商品にのせて売ってあげたい」と話す飯田さん。彼が目指すPOPは、次のようなものです。

- **「伝え手」としての誠実さを表すのがPOP。POPこそ正直であれ。**
- **実際に商品を自分で使ってみて、POPの言葉を選ぶ。**
- **オーバーな表現や嘘、お客さまのためにならないPOPはダメ。**
- **自分で使って感じたことなら、「ちょっと重い」などマイナスの情報を書いてもよい。**
- **商品を売った後もきちんと責任を持てるような、正直な表現をする。**

スタッフに商品を体験してもらうため、飯田さんは社内で勉強会を毎月1～2回開いており、例えば「キャベツを千切りにするためのスライサーを日本全国から取り寄せて使う」などのテーマを決めて行います。このテーマの時には、複数のスライサーを実際に使って千切りキャベツをつくり、それらを食

短いこのひと言の中には、本場イタリアのピッツアをつくるための道具であるという強いメッセージが込められている。

べ比べてはじめて、キャベツの幅 0.1mm 単位で味が変わることがわかりました。このような体験を POP に生かしています。

POP を書くために商品について情報収集したり、実際に使ってみることで、スタッフたちは商品への愛着が湧きます。愛着のある商品は売れるのです。飯田さんは POP の効果を次のように考えています。

- **POP は販売における最強ツール。店側が売りたい商品を売ることができ、売上げが上がる。**
- **お客さまが撮った POP の写真が SNS で拡散され、店や商品情報が広がる。**
- **POP は劇薬。表現や使い方を間違えると、お客さまから嫌われる。**

飯田さんは「POP ほど効率的な営業ツールはない」と断言します。お客さまは、POP が付いている商品に目が留まり、POP で他の商品との違いが理解できるので、値段が高くてもその商品を買ってくれるのです。

この店は飯田さんが POP を書く前、現在ほどの売上げはありませんでした。ひとつのカテゴリーにたくさんの商品がありますが、お客さまは商品の違いがわからず、結局は最も安いものしか売れなかったからです。

飯田さんが POP を書き始めると、高価格の商品も売れるようになり、約 1 億円だった売上げが 3 億円と 3 倍になりました。「POP を書いていなければ、今のように商品は売れていません」という飯田さん。彼は POP を書く上で、とても大事にしていることがあります。

- **POP は人間くさいもの。だから手書きであるべき。**

この店では、POP を見て商品を買ってくれるお客さまはたくさんいますが、ひとつのカテゴリーを深掘りしているので、POP の情報だけでは足りないことがあります。

一方で、お客さまの立場になると「専門店では、スタッフに気軽に質問できない雰囲気がある」というのを、飯田さんは感じています。そこで、

POPが手書きで人間くさければ、お客さまはスタッフに話しかけやすい気持ちになって、細かい質問をすることができます。

「POPは販売ツールでもあり、お客さまの心をホッとさせるもの」という飯田さん。売場という舞台の中で、**接客の主役はスタッフ**であり、**POPは「いい脇役」**なのです。

では、POP 1年生が「いい脇役となるPOP」を書くにはどうすればいいのか、飯田さんに聞きました。

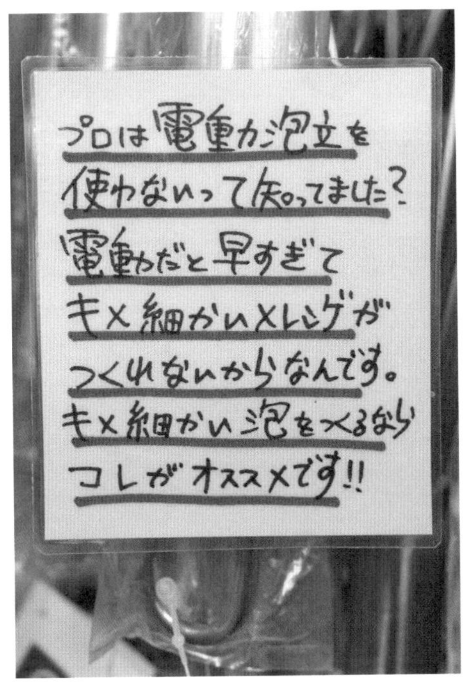

プロが電動を使わない理由をキチンと説明した上でのオススメは、お客さまの買う動機を生み出すことができる。

- **POPの役割は商品を売るためでもあるし、店の雰囲気を出すためでもあるので、何を書いてもいい。**
- **例えば、アルミの寸胴鍋に「これは寸胴鍋だ！」「アルミ！」と書いてもいい。**
- **お客さまにとってはどこが「買いたい」というツボなのかわからないので、とにかく書く。**
- **POPの勉強は、実店舗に見に行くこと。POP用紙の大きさ、商品の量に対するPOPの割合などがわかる。**

POP 1年生に「何を書いてもいいよ」と言って具体例を話すのは、とてもいいことです。POPの指導をする人たちは、POPを書く人にとってのハードルをできるだけ下げてあげるのも大事なことなのです。

セブン-イレブン 富士市厚原店

コンビニエンスストア／静岡・富士市

豊田 愛さん

「POPは自分の代弁者。楽しいのがいちばんです」

冷凍ケースに揺れるエビの立体 POP。エビとその食感をイラストと言葉で伝えれば、注目度も印象度もアップする。

最近は、全国展開しているコンビニチェーンでも、各店で独自の POP を付けることが増えました。中でも、静岡県にある「セブン - イレブン富士市厚原(あつはら)店」は、大きな POP と大量陳列を上手に組み合わせて、プライベートブランド（PB）商品などの売上げを伸ばしています。

取材時の店内では、レジ横にある揚げ物のケースにパッと目を引くハッキリした POP。陳列棚のあちらこちらには、手書き文字やイラストが描かれたクスッと笑える小さな POP。そして、冷凍ケース上の空間には、エビの形をした立体 POP が揺れていました。

これらを、豊田愛店長が中心となってつくっています。セブン - イレブン勤務 25 年という豊田さんは「キャッチーでパッとわかるのがコンビニのPOP」と言います。コンビニはお客さまの滞在時間が短いので、一瞬で目を引くことが大事。豊田さんは POP を次のように書き分けています。

- **目を引くハッキリした POP をつくる時は、POPKIT（iPad、iPhone 用無料 POP 作成アプリ）やパソコンを使う。**
- **商品の良さや内容をきちんと伝えたい時や、あたたかい感じが必要な時は手書き POP にする。**
- **立体 POP をつくるのは、自分がつくりたいと思った時。立体物は制作に時間がかかるが、つくる楽しさがお客さまにも伝わる。**

豊田さんは、売場全体を考えて POP をつくります。彼女の売場づくりには、次のような特徴があります。

- **2段以上の大量陳列と大きな POP を組み合わせる。**
- **新商品だけではなく、既存の商品からいいものを見つけて POP を付ける。**

例えば、PB の袋入りラーメン 5 個パックを間違えて大量発注した時は、その商品の良さや他社との違いを書いた大きな POP を付けて売り切りました。また、PB の箱入りマスクには、個包装のものを箱入りにしていたので「持ち運びに便利」という POP を付け、PB の箱入り高級ティッシュには「こんなに柔らかい」という POP を付けて、販売個数を伸ばしました。

POP を付けると「こんなものもあったんだ」とお客さまから認知され、既存の商品の良さをわかってもらえるのが楽しいという豊田さん。彼女によれば「同じセブン - イレブンでも、他店ではあまり見ない取り組み」です。豊田さんが POP を付けることが多いのは、信頼できる PB 商品。自信を持ってお客さまに薦められる上に、長年、セブン - イレブンで働いているので、パッケージや商品力で「これは売れる」というものが直感でわかるからです。

豊田さんは、高校卒業後にアルバイトとしてセブン - イレブンで働き始めました。ある日、豊田さんは店のオーナーから初めて商品の発注を任され、「ガム売場を自分でつくってごらん」と言われました。オーナーが以前からPOPをつくっていたので、彼女は見よう見まねでPOPをつくることにしました。

発注を任されたガムは新商品。当時はその商品自体がお客さまにはまだ知られていませんでした。豊田さんはガム売場を2段使い、商品を大量陳列して紹介POPを付けました。すると驚くほど売れたのです。これが豊田さんの成功体験となりました。

今では豊田さんにとって、**POPは「自分の代弁者」です。**24時間営業なので、いつも豊田さんがお客さまの近くに立って商品説明できるわけではありません。1日1000人以上が来店する中で、より多くの人に気づいてもらうため、日々頑張っているパートナーがPOPなのです。

まさに「接客ツール」であるPOPをつくる時、豊田さんは自分なりのPOPのルールを決めています。

- **値段と商品名だけのPOPはPOPではない。**
- **食品は食べて、雑貨などは使って、自分で実感したことをコピーに生かす。**
- **メーカーや店側の「売りたい気持ち」だけを出さない。その商品がなぜ良いのかを必ず伝える。**
- **パッケージに書いてあることは、見ればわかるので書かない。**
- **商品への想いが強くても、いろいろ書きすぎない。**

POPをつくる時は、商品に関するたくさんの情報を集めますが、言葉を絞り込まなくてはなりません。彼女がPOPの言葉選びで最も大事にしていることがあります。

- **「この商品を買ってくれるお客さまはどんな人？」と想像する。**

揚げ物ケースには、POPKIT でつくったパキッと目を引く POP がある。写真とイラストの組み合わせも簡単にできる。

青魚の鯖を青い紙と白文字で表現。「たまーに」という言葉を使ったことで、「押し売り感」がまったくない。

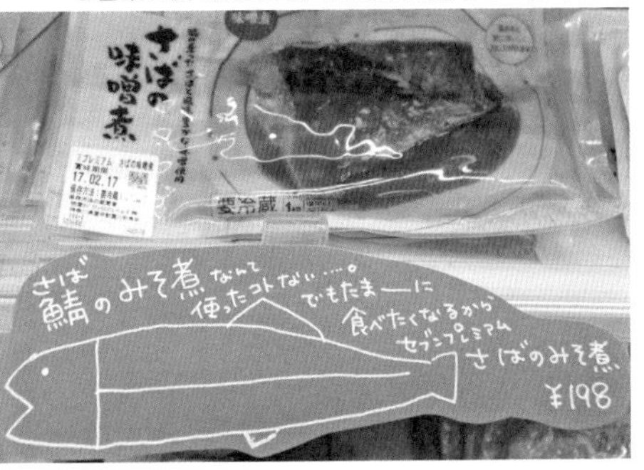

例えば、PB のドライフルーツには「お肌にいい!」という POP を付け、インスタントコーヒーなどの売場に隣接するサイドメッシュ（吊下げ型の小物カゴ）に陳列しました。ドライフルーツはお酒にも合うかもしれませんが、コーヒー売場には女性のお客さまが来ると考えて、POP を書いたわけです。

また、豊田さんが POP に特に力を入れるのは、セールなどでお客さまが得をする時です。例えば「おでん 1 品 70 円セール」のような場合には「主婦のお客さまは、通常価格では家族の分は買えないが、70 円なら家族の分も買える」と考えて、POP をつくります。

POP を使いこなしている豊田さんですが、上手になるためにやっていることがあります。

- **テレビや雑誌で流行（はや）っているものなど、いろいろな情報にアンテナを張る。**
- **Facebook などに投稿される POP をチェック。**
- **他店へ買い物に行った際、POP が付いていれば気を付けて見る。**

では、POP 1年生は何をすればいいのでしょうか。「誰かの POP をマネすることから」というのが豊田さんの答え。マネから少しずつ自分のものになり、アレンジも効くようになるのです。

豊田さんが POP を書き始めた頃は「POP の本も SNS もなかったので、とにかくたくさん書いた」といいます。時間をかけてつくっても、商品が

新商品や季節の話題などを入れたチラシ。POPKITと手書きを上手に組み合わせ、見やすく読みやすく仕上げた。

全然売れないPOPもあれば、あまり時間をかけずサラッと書いたのによく売れるPOPもありました。

売れないPOPは「なぜ売れなかったのか?」を考え、次のPOPに生かしました。

売れるPOPが書けるようになるには、どんな商品から書き始めればいいのか、豊田さんからポイントを教えてもらいました。

- **最初は新商品のPOPがつくりやすい。本部やメーカーからたくさん情報が来る上に、新商品は必ず売れるので、POPを書いた人の自信につながる。**
- **自分が好きな商品のPOPから始めてもよい。「自分が好きな商品をみんなに知ってもらいたい」という想いがあると、商品情報も集めやすく、コピーも浮かぶ。**

「POPは楽しいのが一番」という豊田さん。以前、この店のパートさんが「豊田さんのPOPをマネてつくりました」と、楽しそうにPOPを持ってきました。豊田さんはそのPOPを見て、本当は直したい部分もありましたが、「かわいくできたね」と褒めてあげました。

そのPOPのおかげで商品が売れ、本人は楽しそうでした。そして、その後は率先してPOPをつくってくれるようになりました。

豊田さんは「POP1年生のヤル気」を引き出したのです。最初は下手でも、POPづくりが楽しくなると、他店に行った時もPOPが目に付くなど、それまでは素通りして見えなかったことが見えるようになります。それがPOPの上達につながります。

POPの伝え方

この章では、お客さまの心に響くPOPコピーにするための
言葉の選び方や、POPの効果をさらに上げるための
ターゲット設定など、伝えるためのテクニックを
紹介します。ついにPOPづくりがスタートです！

商品が「わからない」から売れない。お客さまが理解できる伝え方が大事！

商品をきれいに並べても、品揃えをどんなに増やしても、なぜか売れない……。お客さまは来てくれているのに、買ってくれない……。

その理由は簡単です。そもそもPOPが付いていなかったり、POPの説明が的確でなかったりするために、お客さまは「商品がわからない」という状態になっているのです。

POPがあれば、どんな商品なのかわかりやすくなるので、POPを書いて付ければ、もっと売れる可能性が出てきます。でも、その「売れるPOP」を書くためには、お客さまがその商品のことをきちんと理解できるような「**伝え方**」がとても大事です。

そして、**最も重要なのは、商品の良さを見つけること。**いろいろな角度から、その商品がつくられた背景を調べましょう。インターネットが普及した現在では、お客さまもいろいろな商品知識を簡単に調べることができます。一方、販売員はネットに載っていない情報や、購入者の「生の声」を知っているはずです。その良いところにスポットライトを当てると、POP のキャッチコピーになります。

キャッチコピーには日常生活の言葉を

POP のコピーには、パッと見て興味を引き出す「**キャッチコピー**」と、それを補足する「**説明コピー**」があります。特にキャッチコピーは、お客さまが日常生活の中で「そうそう！」「あるある！」と共感するような言葉でなければ伝わりません。

例えば、ドラッグストアの目薬売場の場合には、

「最近、スマホの文字が見づらくありませんか？」

「新聞を遠くに持って読んでませんか？」

のような言葉がキャッチコピーです。これを見たお客さまは「そうそう！」と共感したり、内心「ドキッ！」といった反応をするでしょう。

「そういうあなたには、ビタミン配合の○○がオススメ」

という説明コピーが続けば、お客さまは「これにしよう」と迷わずに目薬を買うことができます。こうして、お客さまは POP のおかげで、納得して商品を選ぶことができるのです。

つまり、お客さまに対して、**キャッチコピーは「おっ！」「えっ？」と注目しそうな言葉**で、そのあとの**説明コピーは「なるほど！」と納得しそうな言葉**で訴求するのです。POP はこの 2 つのコピーがセットになったほうが、お客さまに伝わりやすくなります。

売れるキャッチコピーのつくり方

キャッチコピーは POP の最初の 1 行。次の行に書く説明コピーを読ませる「導火線」の役割なので、とても重要です。

お客さまは、1行目のキャッチコピーを読めば、2行目の説明コピーを読みたくなり、2行目を読んだら、3行目を読みたくなる……。

こうして火がついたお客さまの「買いたい」という気持ちが爆発して、「買う」という行動につながります。**お客さまは「言葉」にひかれて商品を買うのです。**

メモ書き&自問自答、最後にシンプル化

キャッチコピーを書くためには、まず**メモ書き**から始めます。

商品の機能や特徴、話題になったことなど、とにかく何でもメモします。いきなり良いコピーを書こうと思ってもムリです。頭に浮かんだことをすぐ文字にして、頭の中を整理します。

大事なのは、お客さまの立場に立って考えること。すでにその商品のことを知っていても、改めて「これは何？」「この商品をはじめて見た人は、どう思うのかな？」と、自分で自分に問いかけてみると、その商品について、いろいろな言葉が浮かびます。

「もしかしたら、お客さまは人気No.1ということを知らないんじゃないかな？」「カビ予防に役に立つということは、まだ伝わってないかもしれないよ」などと自問自答して、気づいたことをどんどんメモします。原料のこだわり、店の歴史、商品の受賞歴など、お客さまが「え〜！そうなの！」と言いそうなこと。それはそのままキャッチコピーや説明コピーになります。

メモを書き終えたら、**自分に「つまり、ひと言でいうと何？」と問いかけます**。これがキャッチコピーを生み出す方法のひとつです。

キャッチコピーなので、基本は**シンプルで強さが感じられる短い言葉**。「ゆっくり読んで、ようやくわかる」のではなく、「直観的に見て、すぐにわかる」ように、**難しい言葉を使わない**ことも大事です。

説明コピーは「だから」の法則で

キャッチコピーだけでは、お客さまは商品を買うことはできません。

例えば「ノーベル賞を受賞してほしい商品！」というキャッチコピーを見て、お客さまは「おっ！」と思うでしょう。でも、それでは自分の生活にどのように役に立つのかがわかりません。そこで、説明コピーが必要になります。

その**説明コピーには、お客さまにとってのメリットを書くことがとても大事。**「○○という特徴がある商品『**だから**』お客さまにはこんなメリットがある」と、商品の特徴や機能をお客さまの生活シーンに落とし込むのです。この方法を僕は「**『だから』の法則**」と呼んでいます。

- **「小分けのパック『だから』食べ過ぎない」**
- **「カロリー控えめ『だから』ダイエット中の方にも」**
- **「防水機能付き『だから』お風呂でもSNSが楽しめる」**

キャッチコピーを生み出すために書いたメモの中には、商品の機能や特徴がいっぱい書き出されているはずです。

でも、機能や特徴だけがPOPに書いてあっても、お客さまが買いたいと思う動機にはなりません。お客さまは「その機能や特徴があるから、何なの？」と思うのです。こういう特徴がある商品**だから**「どんな楽しいことがあるのか」や「生活がどんなに便利になるのか」などを伝えられると、お客さまの購買動機を生み出すことができます。

店のオリジナルPOPとメーカーのPOPの違い

POPが書いてあっても、その店の販売員の言葉ではなく、メーカーの言葉をそのまま書いてあるものもあります。でも、**店で書くPOPは、**

書いた人が自分の言葉で「本音で語る」ことが大事なのです。

メーカーの POP は、よそいきの言葉やカッコいい言葉が多いので、表現がキレイすぎて、お客さまは「非・日常的」に感じます。これは、言葉を考える人がデザイナーやコピーライターなど、「非・日常」にいる人だからです。

また、メーカーの POP は、他社と比較するためにつくられているものが多いです。お客さまに対してよりも、競合他社に対して「うちの商品はこんなにすごいんだぞ！」というもので、POP の内容が自慢話になっています。

だから、お客さまとの距離ができてしまい、わかりにくい、伝わらない POP になっていることがあります。

店でつくる POP は、もっと日常的な言葉を使いましょう。

商品を実際に使ったり食べたりした人たちの「本音の言葉」のほうが、お客さまは信用して商品を買ってくれます。例えば、新商品ならば「どこが新しいのか」、人気商品や売上ナンバーワン商品ならば「人気の理由」や「売れている理由」などについての生の声です。

お客さまにとって本当に必要な情報というのは、身の回りで困っていることや悩んでいることを解決するような、日々の暮らしに役立つ情報のこと。そういう情報のほうがわかりやすく、伝わりやすいのです。

情報だけでなく感情を入れる

例えば、あなたが旅行会社の新入社員で、まだ海外旅行に行ったことがない場合。海外旅行商品のパンフレットだけを渡されて「POP を書いて」と言われても、きっと書けないはずです。

そういう時は、その国の映像を見たり、インターネットで検索したり、その国に行った先輩から話を聞くなどして調べます。

こうして自分でも「あの国に行ってみたいな」とワクワクすれば、POP を書くことができます。

パンフレットはあくまでも「情報」なので、感情が入りにくいもの。

POP に商品情報だけでなく、自分の「感情」を入れると、お客さまの行動に結びつきやすくなります。

商品を擬人化する「自己紹介 POP」

SNS などでは、動物の写真に吹き出しをつけて「お散歩、大好き！」「お腹すいたー」のように**セリフを言わせている投稿**をよく見かけます。

これと同じように、商品に「POP で自己紹介」をしてもらうつもりで考えると、POP の言葉が浮かびます。

例えば、減塩みその場合には、

「こんにちは！ 私の名前は『こだま味噌』です。生まれは信州です。私は普通のみそよりも塩分控えめなので、『カラダに優しい』とみなさまに喜んでいただいてます！」

というように、**商品を擬人化**（ぎじんか）するのです。

この「擬人化 POP」は、いわば商品による商品のための自己紹介、モノローグなので、一人称（僕、または私）で書きます。生産地、さまざまなエピソード、希少性、販売員の体験談などを商品に「ひとり語り」させると、まるで POP から「声」が聞こえてくるみたいに、お客さまと勝手に会話をしてくれるようになるのです。

POP を普通に書こうと思うと、商品を客観的に見るので、単なる商品情報になってしまうことがあります。「僕」や「私」という一人称で書くと、感情が入りますし、シリーズ商品なら「私の家族は」のように、ユニークで商品の個性を引き立たせる POP を書くことができます。

たったひとりを喜ばせるPOP

僕は「POPの学校」の生徒や研修の受講者に「POPを考える時は、いつも『誰か』を想像して書こう」と伝えています。

「お客さま」という大きなくくりではなく、あくまでも特定の「ひとりのお客さま」を思い浮かべ、より具体的なターゲット像を絞り込むことが大事です。

ここで「たったひとりのお客さまを思い浮かべる」という例をご紹介します。

東京・銀座に「十石（じゅっこく）」という、おいしい手作りおにぎりの店があります。この店では、お客さまの声を生かして商品開発をしています。

ある夏の日、常連のお客さまの田中さんが**「私、とうもろこしのおにぎりが食べてみたい」**と販売員に言いました。

とうもろこしはおにぎりには一般的な具材ではありませんでしたが、その店では田中さんのために、とうもろこしを混ぜご飯にしておにぎりをつくりました。そして、その新商品に付けたPOPには、

「田中さん、お待たせしました」

とキャッチコピーを書きました。すると「私も田中なのよ」とか「このおにぎり、おもしろいね」というお客さまが次々に購入していったそうです。

この例のように「たったひとりのお客さまに喜んでもらいたい」という思いがあると、他のお客さまにも「私のことね」「あ、僕のための商品だ」というふうに、その思いが伝わります。

つまりPOPは、**1000人の人に向けて書くのではなく、たったひとりのファンに向けて書く**。そういう思いを込めて書いたほうが売れるPOPになります。

POPでお客さまとキャッチボール

POPは「言葉」というボールを通して、お客さまとキャッチボールをするようなものです。つまり、POPをきっかけにお客さまと会話ができることが大事です。

キャッチボールは、大勢に向かってボールを投げるのではなく、ひとりに向かって、相手が取りやすいようにボールを投げます。

POPも同じで、不特定多数に向かって言葉をむやみに投げるのではなく、たったひとりに向かって言葉を投げかけます。

キャッチボールでは、相手が受け取れないようなボールを投げてはダメです。これは**POPに置き換えると「的外れな言葉を使わない」ということ。**

例えば、女子高生がターゲットの商品なら、「高校生全体」に向けてではなく、「女子高生」に向けた言葉を選びます。相手が受け取れるようなやさしいボールを投げてあげましょう。

お客さまという相手のことを考えると、POPの言葉は短いほうがいいことがわかります。お客さまは買い物のために店に来ているので、時間がかかる長い文章は読みません。POPは、楽しくてわかりやすく、短くても伝わる言葉選びが大事。

また「POPでキャッチボール」には、POPを書いたら書きっぱなしにしないで、お客さまにきちんと言葉が届いているか、反応を見ようという意味もあります。

お客さまにPOPの言葉が届いていれば、「商品が売れる」という反応が返ってくるからです。

17 キャッチコピーがみんな苦手

いざとなったら商品名をドン！と書くことにしよう

最近、私の周りで**POPについて出てくる話題の第1位は**……

「キャッチコピーが苦手」です。

「POPを書きたいけど、キャッチコピーが難しいから書けないでいる」「広告で見るようなキャッチコピーが書けない」などなど、人によってPOPを書けない理由はさまざまですが、**キャッチコピーは難しい**という共通の大問題があります。

POPを書く人が最初にぶち当たる、最大の難所のようなイメージです。ちなみに私も、キャッチコピーをつくるのが苦手です（キッパリ）！

以前、私が勤める調剤薬局の会社の研修時間でのこと。

普段お会いすることのない店舗の方とPOPの話になりました。

その人の悩みは、あるコラーゲンドリンクのキャッチコピーについてでしたが、あまり最初からぐいぐい行っても引かれちゃうので、ひとしきり世間話をしてから、キャッチコピーのことを持ち出しました。

「知る人ぞ知る商品で、あんまり動いて（売れて）いなくて、しかも今はPOPが付いていないなら、POPを書いて付けてみることが先かなぁ」

と、おずおず話してみました。

17　キャッチコピーがみんな苦手

まだまだ POP 経験値の高くない私が言うのもアレなのですが、**私がキャッチコピーをつくるときに心掛けているのは、**

「キャッチコピーをこねくり回さないこと」

です。だから、その人には「飲んでる人は飲んでる」でいいんじゃないですか、と言いました。

POP は１回ポッキリ、お客さまが見るたった２～３秒間が勝負です。だから、「いかに興味を持ってもらうか」ということが大事だと私は思います。本当にキャッチコピーが苦手な人は、POP に慣れるまでは無理しないで「商品名をドーン！」と書いても良いと思います。

私は登山が好きなので、一緒に登る「山仲間」がいます。

ある日、山仲間が「本とか思わずジャケ買い（表紙を見て買う）することがある」と言ったことから、

「表紙に興味が持てなかったら、何がきっかけでその本を手に取るか」

という話まで広がり、キャッチコピーの話になりました。

もちろん私は、本にPOPを付けることをみんなに激推（げきお）し！

いつもはひとりで頭を悩ませてキャッチコピーを考えることが多い私。でも、この時の仲間の話の中には、お客さま視点の意外なヒントがあったりして、ただ楽しいだけじゃない時間を過ごすことができました。

18 そのお腹で○○できますか？

ターゲットを絞り込めば言葉がハートにグサリとささる

この前、博多に遊びに行った時、あるTシャツ屋さんの前を通りました。実は私、このTシャツ屋さんのブラックボードがなんとなく好きで、毎回見てしまうんです。その時に見たブラックボードは、

「そのお腹で、Tシャツ着れますか？」

です！ ハートにグサリときて、インパクトありすぎ！

Tシャツ屋さんといえば「夏にオススメのTシャツはコレ！」「最旬人気アイテムあります！」などのキャッチコピーが多いけど、そういう言葉とはまったく違う「そのお腹で……」というシンプルかつ現実的な問いかけに正直、かなりたじろぎました。なんて挑戦的なんだ！

私は、このＴシャツ屋さんに以前よりさらに興味を持ちました。

それはショックを受けると同時に、「このお店だったら着やせ効果抜群のＴシャツがあるのかな？！」とか「お腹が目立たないような着かたを知っているスタッフがいるのかな？！」と思っちゃったんです。

そう！ 私はこのお店に「期待」したんです。

その日はお店に入れなかったのですが、あまりに印象的だったので、友達に早速、このＴシャツ屋さんのブラックボード「そのお腹で、Ｔシャツ着れますか？」の話をしました。

すると、一瞬にして固まる友達……。

18 そのお腹で○○できますか？

私の話を聞いた友達は、「夏までにTシャツ（カッコよく）着れるようになりたい！」って、突然、一生懸命に腕立て伏せしたり、腹筋したりし始めたんです。

これはかなり極端な行動ですが、「そのお腹で、Tシャツ着れますか？」というひと言だけで、実際にそのブラックボードを見ていない人の気持ちまで、こんなに揺さぶりをかけ、焦らせたTシャツ屋さんのブラックボード。とにもかくにも、すごい影響力ですよね！

この影響力の要因は、みんなが密かに心の中で気にしていたことを、ズバリ、言葉にして見せつけているところだと思うんです。

私は、**POP はお客さまに「共感」してもらうことがすごく大事だと思います。「共感」って思わず「うんうん」「そうそう」と言っちゃうコトです。**「そのお腹で、Tシャツ着れますか？」というブラックボードは、「このままじゃ、Tシャツはとても着られないな」と、つい自分のハラの肉をつまんで確認しちゃいそうになります（苦笑）。そして「このTシャツ屋さんなら、なんとかしてくれるかな」と期待して、思わずお店に立ち寄っちゃう！ 私の職場でも、ブラックボードを使うことにしたので、これからもこのTシャツ屋さんは気になる存在。

私も、共感できる黒板 POP を書くぞ！

19 キャッチコピーは体験を書こう

ウソ偽りのない本音は伝わりやすい

「キャッチコピーと説明コピーって……何を書いたらいいの！？」

この悩みは「POP を書くときの悩み第１位」に輝くでしょう……。

POP を書いている人だったら、必ず一度は、いや毎回通る道だと思います。

POP を書くというだけでセンスが必要そうなのに、それにキャッチコピーとか説明コピーなんて「ムリ！」と思うでしょう。

でもね、大丈夫です！ 特に「キャッチコピー」とかいう、才能がないと書けないように思えるものも、**実は才能もセンスも要りません！ 必要なのは「自分の体験」これだけなんです。**

ある日私は、特売の「ぷりんパン」という菓子パンのPOPを書かないといけなくなりました。

いつもより「気合いが入った」発注量なので、私は早くPOPを書いて売りたい気持ちでいっぱいです。

しかも、**発注したのは自分**です。

こういう時って、プレッシャーがとにかく大きくて、何を書いたらよいのかわからず、ほとんどパニック状態です。

そこでまず、POPを書くために1個食べてみました。

それでも相変わらず、何を書いたらいいのか、まだわかりません……。

19　キャッチコピーは体験を書こう

私が試食して思ったのは「本当にプリンの味がした。たぶん、冷やしたらもっとプリンかも……」ということ。

単純すぎるかもしれませんが、どんなに普通のことでも、これは自分が食べたから思うことのできた「体験」です！　一番最初に思うことのできた「体感」なんです！

その商品を体験して、一番最初に思わず感じた自分の気持ちを、忘れないうちにPOPにするか、メモに残すのがベストです！

この時の自分の体験を「きれいに書きかえなきゃ」「もっと商品を良く見せなきゃ」とか思わなくていいんです♪

なぜそんなこと思わなくていいのかというと、「私の体感」はウソ偽りのない「本音」なので、お客さまに伝わりやすいからです。できれば、その商品を他のスタッフにも家族にも、体験してもらえたらラッキー！

もちろん、お客さまの体験でもオッケー！　だって、**それは「本音オンパレード」だからです！**

POPを書く自分も、買い物する普通の人。つい難しく、カッコよく書きがちなキャッチコピーですが、体験をそのまま素直に書くのが一番伝わります。

そう、まるで友達に「毎日食べた〜い！」と言うように♪

20 POP はひとりの人に向けて書く

少数でも確実に好きな人のハートを狙い撃つ

お店にはいろんなお客さまが来るのに、なぜ POP では「ターゲットを絞れ」と言われるのでしょうか？　私はある日、そのターゲットを絞る理由に気づいたのです。

突然ですが、質問です。あなたには大好きな５人組のアイドルグループがいます。そのアイドル５人のグループ写真と、大好きなメンバー「梅 JUN」さん（仮名）だけの写真があって、どちらか１枚しか買えなかったら、どちらを買いますか？

「POP とどう関係あるの？」と思うかもしれませんが、これがものすごく関係あるんですよ～！

アイドルのグループ写真か、大好きなメンバー「梅 JUN」さんだけの写真かなら、私は絶対迷わずに「梅 JUN」さんオンリーの写真を選びます！ そのグループの中でも、ずば抜けて「梅 JUN」さんのファンだからです。

もし、これが POP だったら、アイドルグループの POP には気づいても通り過ぎるかもしれません。でも、「梅 JUN」さんだけの POP なら 200％気づいて、ガン見して、売場から離れません！（笑）

なんとなく、**「ターゲットを絞るって、そういうことか！」**と思った人もいるのではないでしょうか？

20 POPはひとりの人に向けて書く

つまり「ターゲットを絞る」っていうのは、ターゲットを《アイドル5人グループのファン全体》ではなく、《メンバー「梅 JUN」さんのファンだけ》に絞ることによって、梅 JUN さんのファンなら必ず足を止めるようになる、ということなんです。

確かに5人グループなら、全体のファン数から見ると、「梅 JUN」さんだけのファンは少ないかもしれません。だけど、その少ないファンが「必ず」見ます。

これは自分自身のことを考えても、断言できます（笑）。

ターゲットを絞るって、こういうことなんです。

より狭く、より深いターゲットに絞ったPOPにすることで、確実に「これが好き！」というお客さまのハートを狙い撃ち！

これは、積極的な男子がいろいろな女子に声をかけると、「どうせみんなに言ってるんでしょ」と、全員からフラれてしまうのに対し、一途にひとりの女性にアタックした男子はうまくいく、ということに似ているかもしれませんね。

これでみなさんも**「POPを書く時は、ひとりの人に向けるくらいにターゲットを絞って書こう！」**に「なるほど〜！」と納得していただけたら、うれしいです。

21 説明コピーは自分の言葉で書こう

リアルな体験にお客さまは安心感を持つ

告白します！ 以前、私は POP の説明コピーをどう書いたら良いか迷い、パンフレットの丸写しをしていました。でも、ある時から、丸写しはおもしろくないな〜と思うようになりました。

そこで、POP にドーン！と商品名を書き、パンフレットのキーワードを手当たりしだい書き、写真を貼り、価格を書いて「はい、できあがり！」に進化。あ、結局これも「パンフレット写し」ですよね……。

でも、進化版の「必殺！パンフレット写し」は、見映え的には決して悪くないところがクセ者で、「我ながら良い POP 書いたな」な〜んて勘違いをやってしまっていたわけです。自分、恥ずかしい〜！

「我ながら良いPOP書いた」と勘違いしていた「必殺！パンフレット写しPOP」ですが、お客さまからの反応は、あまりありませんでした……。当たり前ですが、パンフレットには「商品の良いこと」しか書かれていないし、パッケージには「契約農家で栽培」「野菜不足のあなたに」などが書いてあるだけ。店頭ではリアルな体験者の声がないので、お客さまは不安なんです。

パンフレット写しが絶対ダメだとは思いません。何もないよりはまし。でも、もっとお客さまに「気になる」説明コピーにしたいですよね。だから、**商品の説明コピーは「自分が思ったことを書く」**。これだけ！

21 説明コピーは自分の言葉で書こう

例えば、カップラーメンのPOP。ひとつは、パッケージにあるとおり「濃厚スープに国産小麦粉を使った生メンが食欲をそそる!」と書き写したPOP。もうひとつは、POPを書く人が実際にお昼休みに食べて「ラーメンは『店でコッテリしたのを食べるのが一番!』な私が、ひそかにハマってます!」と、思ったことをそのまま書いたPOP。

どっちが気になりますか?……そうなんです! **パンフレットに載っている言葉って、「ザ・広告」なので、私たちはもう見慣れすぎていて、目に入ってきません。**勝手に「見すごして」しまってます。

もしかして、カッコ良すぎちゃうのかもしれません。

POPの説明コピーを書く時って、「必殺パッケージ写し」にするか、ひと手間かけて「自分の言葉」で書くか、小さな選択を迫られているんです。この小さくて大きな選択は、慣れるまで毎回やってきます（笑）。

今、POPを書くときにパンフレット写しをしている人は、いったん必殺技を封印して、「自分が思ったことを書く」という王道にチャレンジしてみましょう♪

実はこの王道、自分が思ったことを書くので、自分も楽しいいし、**すごくお客さまに寄り添った、親しみやすいPOPができるので、お客さまにも伝わりやすいんです！**

22 お客さまの質問はPOPになる

親切でわかりやすい売場をつくるために活用しよう

私が勤めているお店では、とっても軽くてつまずきにくいシニア向けの靴も販売しています。でも、店舗スペースは限られているので、すべての商品やサイズを在庫することができませんでした。

ある日、お客さまから「この靴のサイズとか色は、ここにあるだけ？」という質問をいただいたので、「お取り寄せできますよ」と答えました。

商品を見ていて「疑問」が浮かんだとき、おそらく多くのお客さまは、

「わざわざ店員さんに聞くのもなぁ……」

「ちょっと面倒だなぁ……」

と感じて、**質問せずに別の商品の売場に行っていると思います。**

お客さまが質問される時は、商品に対して強烈に興味を持っている時ではないでしょうか。

そう思った私は、靴の売場に「他の色・サイズもお取り寄せできます」という POP を付けました。

すると、この POP を付けてから、「他の色もあるのね〜」「違うサイズありますか？」という感じで、以前より靴に興味を持ってくださったり、靴について話し掛けてくださるお客さまが増えました。

POP を書いたときは「何気ない POP」と思っていたのですが、今では「本当にお客さまに必要な POP」だったことを実感しています。

22 お客さまの質問は POP になる

質問してくださるお客さまがいる時は、その後ろに同じように興味を抱いたお客さまが、たくさんいる可能性が非常に高い、と私は思います。だから**「ひとりの質問」は「みんなの質問」だと、受け止めています。**

これは商品の質問以外にも、サービスなどいろいろなことにもつながります。お客さまとお話をしていて、「あれ？　この質問、以前も受けたことあるな」「よく聞かれるな」と感じた時は、ぜひ POP にしてお客さまにお伝えしておきましょう♪

すると、お客さまにとってより良い、お買い物がしやすい「親切な売場」をつくることができるはずですよ。

お客さまからいただいた質問をドンドンPOPにするだけではなく、お客さま同士の会話からもヒントをいただくことができます。お客さま同士が話している内容にアンテナを張っていると、お客さま自身が今、感じていることに気がつくことが多いんです。

「これはお客さまにわかりづらいかもしれない」「書いておいたほうが役に立つ」と感じたら、先回りしてPOPにしちゃうと、よりGOOD!です。お客さまからいただいた質問に対し、目の前のお客さまだけに答えるのではなく、来店するお客さま、み〜んなにPOPで教えてあげましょう♪

23 それってどんなふうにおいしいの？

なんとなくをやめて具体的な理由を伝えよう

私、思うんです。**テレビの食レポって、POP で使える「自分の言葉」のオンパレードではないでしょうか。**

テレビで食レポが上手な人を見ると、「きっとこの人、POP のコピーを書くのも上手だろうな～」と思います。もちろん、その人が書いた POP を見たことはありませんが、その食レポを聞くだけで「食べた～い！」と思うのです。

テレビはおいしそうな食べ物を映しますが、食べたことのない視聴者に「どんなふうにおいしいのか」を伝えるのがとっても上手。**特にテロップの言葉は、的確で短いフレーズなので、POP で使えると思います。**

「テレビの食レポはPOPに使える」ということを意識して見ると、どれもPOPのキャッチコピーにピッタリな言葉ばかりで、きっとビックリすると思います。しかもそれは、レポーターさんだけではなく、地元の漁師さんとか、おばあちゃんのひと言がもはや「天才!」です。

「うまい!」しか言わないレポーターは「それじゃわかんねー!」とツッコミの嵐です(笑)。

そう! これってPOPと同じなんです! ただ「おいしい!」と書いても、お客さまにはわかりません。POPでも「どんなふうにおいしいのか」を伝えないと、「売れない」というツッコミが入りますよ(笑)。

23 それってどんなふうにおいしいの？

おいしいもののPOPを書くときは、「もし自分が、テレビで食レポするなら」と想像してみてください。「おいしい」だけでは終われませんよね。必ず何か「おいしい」と思った理由や「見た目より甘い！」「ふわとろです」など、体験を「自分の言葉」で必死に伝えようとすると思います。

そう、それなんです！**「おいしい！」をPOPに書きたい時は、どんなふうにおいしいのかを具体的に書きましょう。**もし、頭が真っ白になっちゃっても、まずは落ち着いて、「味や食感は？」「アレンジできそう？」など、自分にいろいろと質問してみてくださいね。

実は私たち、普段から「おいしいね！」という会話をしています。その会話の中のひと言を書けば、「おいしい♪」POP ができちゃいます。

「おいしい！」だけじゃなくて、「すごい！」「キレイ！」なども、「自分がなんでそう思ったか」という理由を言葉にすることが大事です。

でもこれは、いきなりパッとうまくなるものではありません。

上手になるには「おいしいな」と思うものに出合った時に、「どこにおいしいと思ったのかな？」と考えるクセをつけることが、一番の近道です。なんとなく良いと思った、「なんとなく」を、自分の言葉にしてみませんか。

24 書きすぎはゴチャゴチャのもと

3つにまとめて、わかりやすく読みやすく

POP に書きたいことが多すぎて、紙におさまらずに、「ああ〜、もう！ なんだか POP がゴチャゴチャする！」ってことありませんか？

私自身も周りのスタッフも、いつも「わからなくなってきたー！」と言いながら、POP を書くことが多いです（汗）。

POP にあれもこれも書いていると、ハッと気づいた時は、

「作文？」

と言いたくなるような POP になっていることが、多々あります。

「作文 POP」って、私はあまり読みたくありません。だって、わかりにくいんだもん！ 読むのがめんどくさいんだもん！

しかーし！ POPに書きたいことがいっぱいある時に、知っているとお役立ちな方法を発見しました。

それは**「３つの箇条書きにする」**ことです！

この「3」がポイントなんです！ なぜかというと、POPは「わかりやすいこと」に尽きるからです。

「いろいろ書きすぎちゃって」という時は、「似たようなことを繰り返し書いている」または「パッケージを見ればわかることまで、すごく詳しく書いている」ことが多いので、繰り返しているところを１回にして、今書いている文章を３つにまとめてみましょう。

24 書きすぎはゴチャゴチャのもと

例えば、ドリンク剤のPOPを書く時は「薬局スタッフがジンセンドリンクを選ぶ3つの理由」のように、商品の良さを3つにまとめて、POPに書きます。どうですか？ 見やすいですよね！

人が文章を見てパッとわかるのは、だいたい「3つぐらいまで」と言われています。

この例のPOPの場合、お客さまにとっては、スタッフが選んだ理由がひとつだと「それだけ」という感じ。2つだと「まだ物足りない」。4つだと「ちょっと長くて覚えられない」と感じてしまうのです。

それを「3つ」はちょうど上手にカバーしてくれるというわけです。

お客さまだけでなく、POP を書く自分にとっても、「3つの箇条書き」にすることで、**とても良いこと**があるんです。それは商品について、頭の中の整理ができるので、**接客にも役立つこと**です。

POP にいろいろ書きすぎる時は、お客さまの「この商品ってどんなふうにいいの？」というざっくりとした、一番よく聞かれる質問に、答えられないことが多いんです。でも、3つにまとめることで、頭の中の商品情報が整理できて、接客時にとても大助かり。

さらに**他のスタッフにとっても「カンペ」になるから、とても心強いんです。**ぜひやってみてね♪

25 どこが「新」だかみんな知りたい

「ここが新しいよ POP」は新商品と同時に付ける

ドンドン出てくる新商品。どのお店に行っても、「新商品 POP」を見かけない日はないですよね。

特に季節の変わり目になると、新商品入荷ラッシュがお店を襲い、「バックヤードにもう入りません！」のような状態もあるのではないでしょうか？

お店にとっては、なんだかんだ、やることはいっぱいありますが、売場に新商品が並ぶと、とっても楽しいです♪　見たことのない商品やリニューアルした商品など、興味津々で**思わず手に取ってみるのと同時に思うのは、「どこが新しいのかなぁ？」ということです。**

特にリニューアルした商品は、パッと見てもどこが新しくなったのか、全然わかりません。メーカーから送り込みのキラッキラな販促物やパッケージには「こだわりのスキンケア成分配合」とか、いろいろなことが書かれているかもしれません。

それらを見て「へ〜！　ここが違うんだ！」と納得したことはあるでしょうか？　私は、ないです……。商品説明、できません……。

そして、お客さまはキラッキラな販促物を見て、一度は商品を手に取っても、再びそのまま商品を棚に戻して、その場を何事もなかったかのように立ち去って行きます……。

25 どこが「新」だかみんな知りたい

新商品が出た時は、「どこが」「どう」新しいのかを書いたPOPを、商品と一緒に付けましょう♪

例えば、化粧品なら「春夏シリーズはここが違う！」のように、秋冬ものとどう違うのか、調べて書くといいですね。

いくら魅力的な新商品が出ていても、今まであった商品とどう違うかが、パッと見てわからないと、お客さまには「買う理由」がないんです。

入荷前に新商品の情報が入る機会も少ないし、いつも買っている商品のような安心感もない。あなたがお客さまでも、買ってから「やっぱりいつものにしておけば良かった〜」なんてことになりたくないですよね。

すべての新商品に「ここが新しいよ POP」を書くことは難しいので、まずはお客さまから「これ、前とどう違うの？」とよく聞かれる商品を最優先にしましょう。

これで、お客さまからの質問にもサッと答えられるし、いざという時、自分の書いた POP をチラ見できるので安心です。そして次に、お店が力を入れたい新商品、その次に自分が「こ、これは良い！」と思う新商品から POP を書いていくのがオススメです♪

ぜひ**「ここが新しいよ POP」で、お客さまと新商品たちの「架け橋」をつくってあげてくださいね。**

26 お客さまはランキングが大好き

良い買い物をしたいお客さまの強い味方なのだ

「商品の人気ランキング」、それは売場にあったら思わず見てしまう魅惑のものです。私は必ず見ます。中には、「このランキングって、誰トク?」と思うようなコアなものもありますが、ランキングって楽しい!

多くのお客さまが支持するのは何か理由があるから、その商品がランキングに入っているわけです。だから、ランキングを見れば、一瞬で自分の「お買い物候補」を見つけることができます。

「ランキング POP」には、**「いっぱいある商品の中から、どれを選べば失敗しないんだろう?」という、お客さまの心配を取り払う効果があるんですね。**

お買い物の中でも、特にタイムリミットがある「夕飯の買い出し」「旅行や出張先でのお土産選び」「ランチのメニュー」などは、お客さまが一分一秒でも早く、商品を決めたいもの。でも、いざお店に入ると、棚にもメニュー表にもズラッと選択肢があるわけです。

そこに「ランキングPOP」があると、お客さまは本当に大助かりなんです。

好みもあるので迷ってしまう「家飲みをグレードアップさせる、ワンコインつまみベスト3」POPとか、「夏のギフト商品ベスト10」POPなどは、お客さまのハートをぐっとつかんじゃいます。

26 お客さまはランキングが大好き

ランキング POP で何よりも重要なのは、**「ランキングを更新する」**ことです。ランキングは鮮度が命。1カ月以上前のランキングを見ても、季節は違うし、お客さまの参考にはあまりならないと思うのです。

だから更新が必要なのですが、私は初めてランキング POP をつくった時に、大失敗しました。紙に直接書いてラミネートしたんです（涙)。

それ以降は、**商品名を書いたカードとランキング表を別々にラミネートし、カードを貼り直せるようにつくっています。**

POP が紙ならメンディングテープ、ブラックボードなら貼れる磁石を使うと、ランキング更新に便利です。

「商品がいっぱいあって、何を買ったらいいのやら……」

「買う物を早く決めたい」

と思うお客さまにとって、ランキング POP は、**お買い物候補を選抜してくれる、とっても心強い味方**です！

売場のスペースが許すならば、「ランキング POP」を付けたら、「ランキング POP」に書いてある商品を POP の近くに固めて陳列すると、お客さまはすぐ手に取ることができるので、とても親切ですよ♪

ランキングって、買う時も、買った後も、お客さまに「ストレスフリー」な環境を提供できると、私は思います。

27 商品ないならPOPを付けよう

棚がスカスカでも理由を書いて納得を引き出す

どのお店も、品切れを起こさないように気を付けていると思いますが、「げっ、売り切れた……」ってこと、ありますよね。いわゆる「完売」「欠品」状態です。私の場合は時々あります。

みなさんはこんな時、どうしていますか？

私が欠品させてしまった時は、**発注の方法が上手なスタッフに質問**したりして、次は欠品させないように対策を取ります。

店舗や会社の売場づくりの方針によってもさまざまだと思いますが、極力避けたいのは、商品がないままの状態で、売場を放置してしまうことです。

商品がないまま売場を放置すると、お客さまはお店に来て初めて欠品の状況を知ることになり、「欲しいのに商品がない」「品揃えの悪い店だなぁ」と思ってしまいます。

せっかく「欲しい！」「買いたい！」と思って売場まで足を運んだのに、商品がなかったら、ものすごくガッカリします。

お店によっては、欠品した隣の商品の在庫を広げて、欠品状態をカモフラージュさせたりすることもあるかもしれません。でも、POPを使用する方法を選択できるお店なら、**商品が完売や欠品した時には、正直に「ごめんなさい！ POP」を付けるのがいい**と思うんです。

27 商品ないならPOPを付けよう

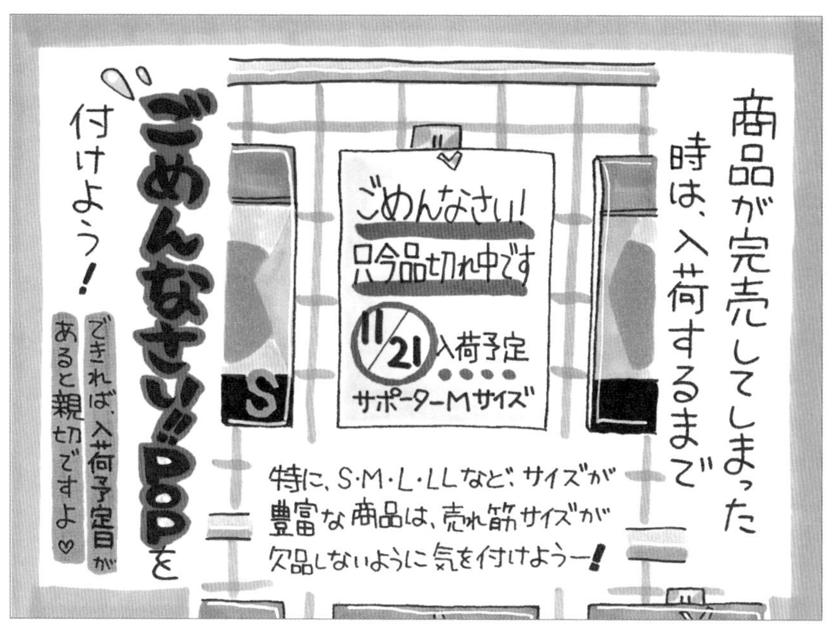

せっかく来店したのに商品がないのは、お客さまにとっては期待を裏切られたような感覚です。「もしかして店員さんに聞いたら、裏にあるのかも？」と、お客さまの「店員さん探し」が始まります。

在庫があった時は良いのですが、本当になかった時は、お客さまの気力と体力と時間を、かなり消耗させてしまいます。

だから、**商品が完売や欠品した時は、正直に「ごめんなさい！ POP」を付けて、お客さまに商品の在庫がないことを伝えましょう。**

できれば「商品がない理由」＆「入荷予定日」もあると、とても親切です。

「突然に売れ始めてしまい、入荷が追い付いていません」などの**やむを得ない理由で欠品**してしまった場合、欠品の理由がわかることで、ガッカリしていたお客さまの気持ちは「そういうことなら仕方がない」という**納得へと変化**するものです。

「商品がない理由まで書くのは大変だよ〜」というお店は「大人気により」などのひと言を添えると、まったく理由がないよりも印象がソフトになると思います。

「完売」や「欠品」はもちろんないほうがいいのですが、もし起こってしまったら、大至急「ごめんなさい！ POP」です。

28 顔写真入りPOPは楽しい

お客さまとの距離を縮める効果は絶大！

私はよく、POPに自分の写真を入れます。「自分の写真とか、恥ずかしくない？」と言われますが、私はまったく恥ずかしくないです。

なぜかというと、スタッフの笑顔の写真が付いているPOPのほうが、お客さまが安心するし、何より見ていて楽しいからです。

顔が見えることで、「親近感」や「安心感」が生まれます。お客さまとの距離が縮まるんですね。だから商品を手に取るという行動を起こしていただけます。

自分の写真を使うのは、初めはドキドキかもしれません。でも、お客さまがホッとしたり、楽しんでもらえたら、うれしいですよね！

右のPOPは、私の職場で毎月発行している「店舗通信」の冊子入れに付けたものです。

最初は文字だけのPOPでしたが、「あまり持ち帰ってもらえない！」「せっかく店舗通信を書いたのにゴミになっちゃう！」と、思い切って写真付きにしたら、取っていただけるようになったのです！

直接お客さまとお話ししなくても、写真が付くと、「ん？ 受付の人が何か言ってるぞ？」と、自分に話しかけてもらえた気持ちになるようです。また、「あなたさっきPOPで見たわ！」とお客さまのほうから興味を持って話しかけてくださり、商品を購入していただけることもありますよ。

恐るべし顔写真POPの効果！ 忙しくて接客ができないときでさえ、お客さまとの距離を一瞬でググっと縮めてくれるので、もう「顔写真なんて恥ずかしいからイヤ」なんて言っていられませんよ〜♪

ちなみに、私が顔写真を撮るときに意識していることが３つあります。

①つくりたい POP に、どんな顔写真を使いたいのか、表情やポーズを決めておく（上の POP であれば「笑顔でタオルを手渡しているポーズ」と決めて撮影♪）。

②表情は「つくりすぎ！?」と思うぐらいが GOOD!（パッと見た時すぐにどんな顔をしているのかわかるぐらいで、ちょうど良いです♪）。

③顔と一緒に手や商品も入れる（写真に動きが出て、イキイキした顔写真 POP になります！）

つくり出すと楽しい顔写真 POP。まだやってみたことがない方は、ぜひチャレンジしてみてください♪

29 POPを書く時間がなくて困る

忙しい時は「ひとコトPOP」を有効活用しよう

私が以前、ドラッグストアで働いていた時の話です。

品出し、発注、接客……と、その忙しさは、まさに字のごとく、心が亡くなりかけたほどでした。一日の勤務中に椅子に座る時間は、発注データの数量を確認する時と、「運よく」休憩が取れた時くらい。さまざまな作業の間にも、業務は次々にまるで雪のように降ってくるので、ドンドンさばいていかなければなりませんでした。

こんなに忙しいと、手書きPOPの優先順位は限りなく低くなります。

なぜかというと、手書きPOPがなくても、とりあえずお店は回るからです。

ドラッグストアでレジが混んだり、季節の商品を入れ替えたり、発注をしたりという作業が滞（とどこお）ると、たちまちお店は回らなくなり、お客さまからはクレーム発生です。

でも、だから切実に思うのです。**「時間はない。でも POP は書きたい！」**と。

だって、売場に付いている１枚の POP が、忙しい私の代わりにお客さまの知りたいことを伝えてくれていたら、そのほうがお客さまに親切なんじゃないかと……。でも、現実的に時間がない（涙）という、そんなあなたを救う POP があります！

29 POP を書く時間がなくて困る

忙しいあなたを救う POP は「ひとコト POP」！ これは**名刺サイズくらいの紙に、商品についてひと言だけ書いた POP です。**

オススメはフキダシ型のカードで、慣れてくると 1 分くらいでつくれる POP なんです。

「え？ そんな小さくて、ひと言だけ書いた POP なんて意味あるの？」と思う人もいると思います。これが、意味があるんです。

同じような商品がズラッと並んでいて迷った時に、商品にチョコンと貼ってある小さなシールに目が留まって、そのまま買っちゃうってことありませんか？ 私はよくあります。そのシールの役割が、この POP。

小さなシールやカードに「一番人気！」としか書かれていなくても、お客さまはその商品に惹かれて、手に取って、カゴに入れる。もし、この時、ひと言書かれたシールが貼られていなかったら、その商品は、確実に手に取っていません。商品が目に入っていないからです。

「どの商品がいいかな」と迷っている時に、パッと目に飛び込んでくるひとコト POP があると、お客さまが商品に気づく、大きなきっかけになるんです。それは**商品が「私、どうかな？」とあなたに話しかけている**のと同じです。

短いつぶやきなので**「POP 版ツイッター」**みたいですね。

30 POPを書くざっくりとした時間割

まだまだですが、理想に向かって日々鍛錬しています

突然ですが、「POPに何を書いたらいいかわからない」とつぶやいたり、もしくは思っている人、いませんか？

実は私、自分でそう感じています。だから以前は、「必殺！パッケージに書いてあること丸写しPOP」を書いていました。

でも、山口校長の「コトPOP勉強会」でPOPの書き方を知ってからは、「POPに何を書いたらいいかわからない」には、大きな原因が2つあることを知りました。

「え？ 2つだけ？」――そう！ それは**「商品知識が少ないこと」と「カッコよく書こうと思っていること」の2つだけ**です！

「POPに何を書いたらいいかわからない」ことの２つの原因以外に、私には**もうひとつ原因**がありました。実は凝り性（こりしょう）なため、無意識にPOPを見映えよく見せることに力を入れてしまうクセです。

お客さまの見やすさ、読みやすさを一番に考えるのではなく、**ほぼ自己満足のPOP**です。

仕事場はともかく、家でPOPを書くと、時間は無限です。机に時計を置いてみると、POP１枚につき、30分以上書き続けた時、急に凝ったPOPをつくり始めてしまうことがわかりました。そこで「POP１枚につき30分まで」と、自分で時間を決めました。

30 POPを書くざっくりとした時間割

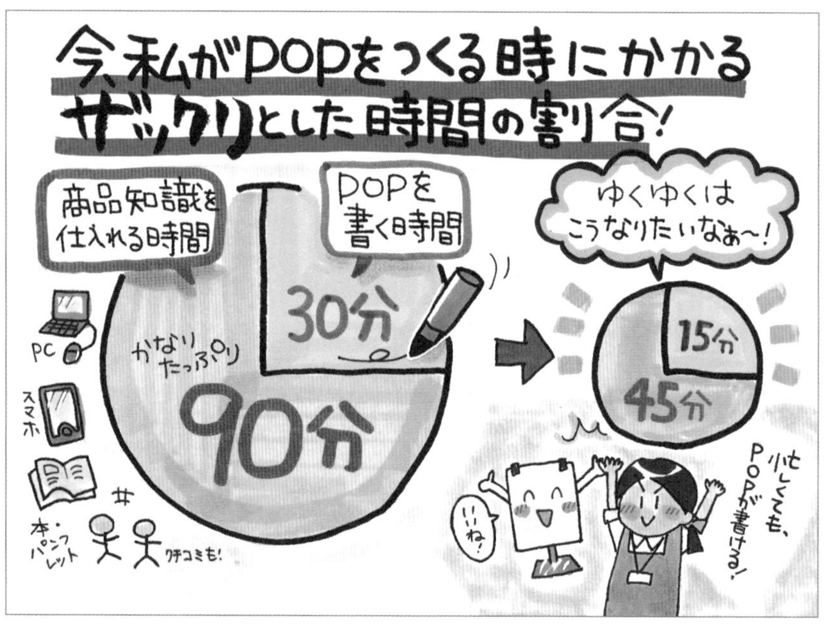

POP を書く時間は 1 枚につき 30 分までと決めましたが、時間無制限にしているものもあります。それは、商品知識を仕入れる時間です。

先日、職場でキャンペーン商品の POP をいろいろ書きました。

リニューアルもしたので、パンフレット、ホームページ、クチコミや雑誌など、一から商品知識を仕入れました。その時、せっかくなので時間を計ってみたのです。

ざっくりとですが、私が POP をつくるときにかかる**「商品知識を仕入れる時間」と「文字を書く時間」を円グラフにしたのが、上の図です。**

意識しているわけではなく、自然とこの割合が多いです。

POPって、見映えも気になるかもしれないけど、本当に大事なことは、その商品のことを知って発見した「いいコト」をPOPに書くこと。

POPに書く時って、自分がよく知っている商品もあれば、何か良さそうなのはわかるけど、よくわからない商品に出合うこともあります。

まずはできる範囲で、商品知識を仕入れることからスタート。

そうすると「この商品、実はすごい！」とか「こんな人に便利そう」と、言葉が思い浮かぶことがあるんです。

それがそのままPOPになるし、お客さまに伝えられれば、とても親切ですよね♪

31 オノマトペって何だ？

5000 種類もある、バリバリ便利な日本語です

私はこの前、福岡 PayPay ドームで行われた「BUMP OF CHICKEN」のライブに行ってきました。めちゃめちゃカッコよくて、アンコールではワンワンと号泣。そして翌日、興奮冷めやらぬまま職場で話すと「花火がドーン！」「紙テープがシューン！」「紙吹雪がブワァ！」「もうキラキラで！」と、こうなります。

そう！ オノマトペが多いんですね、私！ みなさん優しいので「なんか、すごかったんだね」と言ってくださいました。

話した後に「すごく感動しちゃったことは伝わったな……」と思いつつ、考えたことがあります。

オノマトペは、例えばステーキが「ジュー！」とか、パンが「もちもち」など、普段から私たちがよく使っている言葉です。

「オノマトペって、POPに使ったら、かなり効果的だ……」

というわけで、オノマトペについて少し調べてみました。

オノマトペ（onomatopee）って、もとはフランス語で、モノが発する音を表現した「擬声語（ぎせいご）」です。日本では擬声語に加えて、心の中の様子など、実際は音のないものを表す「擬態語（ぎたいご）」まで含まれているので、フランス語の600種類に対し、**日本語のオノマトペはなんと5000種類もあるのだとか！**

31 オノマトペって何だ？

日本語って、いちいち説明しなくても、状況や感情がすごく伝わりやすい言語だったんですね！

確かに「ツヤツヤ」では美しい髪の毛が、「ドキドキ」では思いがけない出来事にびっくりした様子が、説明されなくても一発でイメージできますよね。そのイメージは色や香り、食感、温度、空気感、人の気持ちの動きまで、自分で勝手に思い描けるほどです。

こんなふうにオノマトペの持つ情報量は、絶大だと思います。しかもインパクトを残しながら、シンプルで短文！ お客さまの目に入った瞬間が勝負の POP には、ピッタリだと思いました！

オノマトペは、毎日のおしゃべりの中で、私ほどたくさん使ってないとしても、**みんなたくさん使っている言葉です**。だからお客さまも、POP の中にオノマトペがあっても「?」とならずに、すぐに理解していただけると思うんですね。うーん！ じゃんじゃんオノマトペ入りのPOP が書きたくなってきましたよ〜！

オノマトペは日本国内でも、地方によって独自の進化を遂げているそうです。若い人たちは、どんどん新しいオノマトペを発明しているみたいです！

あなたがよく使うオノマトペってありますか？

先輩のお店を見てみよう!! 3

帰るお客さまにお礼と、もうひと声かける。今日買っていただけなくても強い印象を残し、次につなげることが大切だ。

鈴木 紀夫さん

スーパーマーケット／新潟・五泉市

「POPはお客さまと店をつなげるツールです」

POPには、かわいいものや凝ったデコレーションのものなどいろいろありますが、POPデザインの基本の「き」を学べる事例をご紹介します。新潟県五泉市のスーパーマーケット「エスマート」は、シンプルで統一感あるPOPでお客さまを楽しませ、住宅地からはほど遠い田んぼに囲まれた立地ながら、遠方からもリピーターがやってきます。

店内には、野菜などの生鮮食品の他に調味料、飲料や菓子、自家製のお惣菜などが並んでおり、その多くは小規模なメーカーの商品です。これらは大手メーカーのものよりも高価格で、あまり知られていないものが多いため、たくさんの商品にPOPが付いています。

しかし、POPが多くてもごちゃごちゃした感じがしません。それは、POPのつくり方が次のように統一されているからです。

・POP用紙は基本的に白色。

・キャッチコピーはシンプルで短く、言いたいことをひとつだけ書く。

・メインのお客さまであるお年寄りにもわかる言葉で、商品紹介を書く。

・さらに情報を入れたい時は、手書きの「ひとコトPOP」を付ける。

・強調したい言葉には、手書きで赤ラインを引く。

・文字は大きく黒色で、あたたかみのある「あずきフォント※」を使用。

この店のPOPの9割は、鈴木紀夫店長がつくっています。ほとんどのPOPはパソコンの「Word」で作成。また、手書きで赤ラインを引く時のマーカーは「マッキー」と、特別なものではありません。

唯一、鈴木さんがPOPの道具でこだわっているのは紙で、インクがにじまないタイプのもの（キヤノン高品位用紙HR-101SA4）。一般的なコピー用紙よりも高価格ですが、POPに商品写真を使う際、色がきれいに出ると、商品の鮮度感が伝わるからです。

鈴木さんがパソコンでつくったものに手書きの線や吹き出しを付けるのは、手書きPOPの「ぬくもり」を大事にしているからです。この工夫のおかげで、この店のPOPを手書きと思っている人もいるといいます。「当店のPOPは商品を売るためのものではないんです」という鈴木さんに、この店のPOPの役割を聞いてみました。

・お客さまが商品と出合うきっかけづくり。お客さまに興味を持ってもらうための商品紹介。

例えば、1本1200円のぶどうジュースには「すごいジュース入荷しました!」というキャッチコピーのPOP。このような商品は、普通に陳列しても買ってもらえないので、お客さまが「何これ？飲んでみたい」と興味を

※日向梓さんオリジナルの「マジメすぎず、可愛すぎない」手書き風フォント。

必要な時にすぐ取り出せるよう、使用済 POP は種類別に保管。ひとコト POP を付けたりすれば新情報も盛り込める。

持つような POP が必要なのです。

キャッチコピーの下には「この商品は何か」をわかりやすい言葉で表現。この店はお年寄りの女性客が多いので、パッケージに商品名があっても、何なのかわからないと買わないからです。その言葉の下に、この商品の特徴やパッケージにはない情報を書きます。

例えば「人気だから製造が追いつきません」「1カ月で○○本売れました」などの事実をそのまま書くそうです。

他にも伝えたいことがたくさんある場合は「ひとコト POP」を付けます。この店のひとコト POP は、例えば「量が多く見えますが、3人家族ならちょうどいい」のように、迷っているお客さまの背中を押してあげる内容です。

鈴木さんは自店をモノ売りではなく、「興味の提供業」と言います。

一般的にはあまり知られていない、比較的価格が高い商品が多いからです。お客さまは「この店なら何かいいものに出合える」と、来店すること自体を楽しみにしています。このため、この店の POP にはもうひとつの役割があります。

- **「この店は楽しいね」という雰囲気を伝えるもの。**

例えば、この店の出口にある「トロさば買った?」という POP。これは、この店の看板商品のひとつ「自家製トロさばの味噌煮」のことで、わざわざ遠くから来た人でも、看板商品を知らずに帰る人もいるので、鈴木さんが親切心で貼ったPOPです。

実は、「トロさばPOP」には他にも意味があります。これを見たお客さまが帰る前にクスッと笑ってくれれば、店の印象がよくなり、再び来店してもらえるのです。

「POPで店の楽しさが伝わると、長い目で見た時に『この店が好きだから行く』というリピートにつながり、売上げにもつながります」という鈴木さん。**POPに地元の五泉市の言葉を使ったり、「♪」「♡」「(^^)」などを使ったりと、楽しさをお客さまに感じてもらう工夫をしています。**

今ではPOPの意味を考えて、楽しくてわかりやすいPOPをつくる鈴木さんですが、ここに至るまでには、かなりたくさんのPOPをつくってきました。最初の頃は、商品を見ながら一生懸命にコピーを考えて、文章が長くなっていたそうです。しかし、どんなに時間をかけたPOPでも、お客さまは反応してくれませんでした。鈴木さんは、その日の朝に書いたPOPでも、その商品が売れなければ、「なぜ売れないんだろう?」と考えて、昼にはPOPを書き変えました。

徐々にPOPづくりに慣れてくると、鈴木さんは「この表現はひとことで言い換えられる」ということがわかるようになり、短い文章で伝えられるよ

ひとコトPOPで連結して大きなPOPを作り出し、視認率をアップ!さらに目玉のイラストが注目度を押し上げた。

不動産広告でよく見かける「徒歩７分」をもじったコピーが楽しい！ 本当に７歩で行けるのか試したくなる。

うになりました。

POP の上達方法は、とにかく練習あるのみ。数稽古が必要なのです。

鈴木さんの POP のコピーが会話のように感じるのは、実際にスタッフとの会話から生まれるからなのです。

以前、鈴木さんが POP を書くように頼んだスタッフが「どう書いていいのかわからない」と困っていました。そこで、鈴木さんはそのスタッフと会話をして、商品についての感想や意見を聞き、「それをそのまま POP に書けばいいんだよ」とアドバイスしたそうです。

お客さまとの会話からも POP のヒントをもらうという鈴木さんに、POP 1年生が楽しく POP を書くための心構えを聞きました。

- **「商品を売ろう」「ノルマを達成しなければ」という状況のままでは楽しくなれない。**
- **「お客さまが自分の POP に反応する」ということを一度でも経験するとハマる。そのきっかけとして、自分で選んだ商品に POP を付け、その POP の前を通るお客さまの反応を一日中見る。**
- **お客さまが自分の POP を見て商品を買った経験をすると、「お客さまと店」ではなく、お互いに情報を教え合う友達のような感覚になる。しかも、数字（売上げ）も伸びるので、商売が楽しくなる。**

「POP はお客さまと店をつなげるツール。お客さまとつながると、売る側も楽しい」という鈴木さん。POP 1年生も、まるで友達に話すように「この商品を買うことによって、どんな気持ちになれるのか」をお客さまに POP で伝えればいいのです。

POPのつくり方

この章では、POPをつくる時のポイントをたくさん紹介します。
絵が苦手、文字に自信がない、そんな方も安心してください！
キレイに書けなくてもOK。失敗した時の裏技もあるんです。
さあ、どんどんPOPをつくっていきましょう！

必要な場所に、必要な情報を、見やすく読みやすい文字で、タイムリーに表示

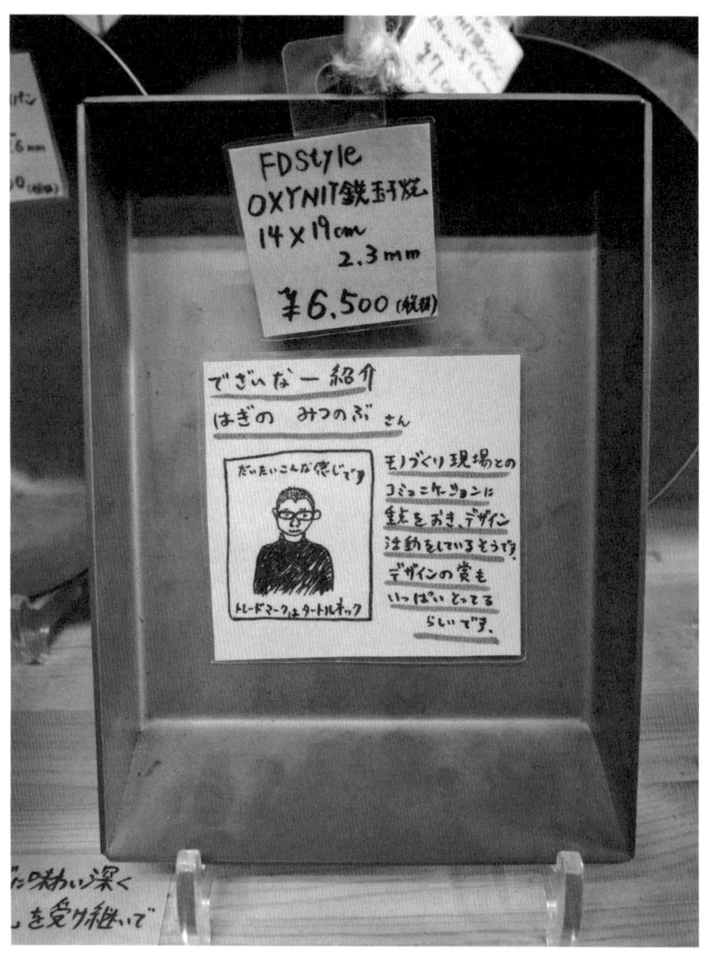

どの店でも売れている商品なら、お客さまは他店でも買うことができます。バイヤーが仕入れてきたものを、店頭に並べて売るだけが販売員の仕事ではありません。**商品の並べ方や陳列する量をあれこれ言う以前に、商品を好きになることが大事。**来店したお客さまに、全部の商品の

ことを詳しく伝えるのはムリでも、自分が好きな商品のことは「もっと知ってもらいたい」と思うでしょう。

このような「売りたい商品」を買ってもらうには、どのような陳列方法がよくて、POP に何を書けばいいのかを考えましょう。

知りたい、知らなかった、興味・関心があるコト

では、どんな POP ならば売れるのか？

それは次の３つを書くことです。

1. お客さまの知りたいコトを書く

2. お客さまの知らなかったコトを書く

3. お客さまの興味・関心のあるコトを書く

POP を書く時は、いつもこの３つを意識しましょう。例えば、

「この商品がロングセラーっていうこと、知ってますか？」

「この商品で時短ができるんです！」

「お客さまの後押しがあったから、この商品が生まれました！」

といったエピソードを POP に書きます。

お客さまは、自分が知らなかったコトを知ると、その商品に対してとても興味がわくのです。そのためには、販売員がもっと商品に興味を持つことが大事です。

最近はインターネットで物事を調べることが当たり前なので、お客さまもいろいろなことを知っています。

でも、お客さまが知っている商品だから、あるいは、よく目にする商品だからといって、お客さまにその商品の情報がきちんと届いていることにはなりません。

例えば、料理道具専門店でお客さまが知りたいのは、たくさんの中から「どのフライパンを選べばいいのか」ということ。

お客さまが自分のひとつを見つけ出すためには、「コレに決めた！」と思うきっかけが必要です。

そこで、フライパンのサイズや素材はもちろんのこと、商品をデザインした工業デザイナーの名前や人となり、デザインコンセプトや想いなどが書いてある POP があれば、お客さまのその商品に対する理解が深まり信頼度がアップします。

こうしたエピソードが買いたい動機につながるというわけです。

お客さまの行動を見れば POP が書ける

お客さまの「知りたいコト」を販売員が知るために、僕がオススメしていることがあります。それは、「店頭でお客さまの動きを見る」「お客さまが商品を手に持っている時に何か言っていたら、その言葉を聞く」ということです。

お客さまが商品を手に取った時に販売員に聞くのは「これは何？」ということ。野菜や果物など見てわかるものではなく、嗜好性の強い商品や新商品は聞かれることが多いはずです。お客さまは、商品のことをもっと知りたいのです。

お客さまが商品を手に取ったのに、再び陳列棚に戻してしまうのは、パッケージの言葉だけではその商品が何だかわからないから。

完全に情報不足。

つまり、お客さまは「買わない」というよりも「買えない」のです。

「体験する」と「調べまくる」が大事

お客さまには、商品について知りたいことがたくさんあります。販売員に聞きたくても、いつも販売員が近くにいるわけではありません。

だからPOP! なのですが、さて、その**POPを書くためには「商品知識」が必要です。**これがなければコピーをひねり出すことはできません。

以前対談したヴィレッジヴァンガードの菊地敬一会長も、

「POPを書くときに一番大切なことは商品知識」

と、まっ先に答えられていました。

もちろん、店で売っているすべての商品のことを知り尽くすことなど、どんなベテラン販売員でも不可能です。

そこでまず、POPを付ける商品を、自分で「体験」してみましょう。

体験すれば、その感想や感動をそのままキャッチコピーや説明コピーに使うことができます。

でも、体験できない商品もあります。むしろ、そちらの方が多く存在します。その時は、対象商品を「調べまくる」こと。これが大切です。

さらに、スマホやパソコンで調べる時には、ひとつのサイトを調べて終わりではなく、いくつものサイトで調べ、情報を見比べることが重要です。ひとつの情報源を鵜呑みにしないよう気をつけてください。

また、その商品を体験したことのある人が、身のまわりにいたら、その人にも話を聞いてみましょう。

商品の特徴、体験した感想、どんな人がつくったのか？

人気の理由は何か？ なぜ今、話題なのか？

などのポイントを聞くと、コピーのヒントが出てきます。

そして、**コピーはよそ行きの言い方をせず、いつもどおりの言葉で書くこと**がお客さまの心をつかむ秘訣です。

「黒板POP」は興味のある人に向けて書く

街を歩くと、必ずと言っていいほど、黒板POPを店頭に出している店を見かけます。すぐに書き換えられる手軽さがあり、人気の販促ツールです。ところが「何を書いていいかわからない」という声も、実は多く聞きます。それは、せっかく店頭にあるのだから、店の前を通り過ぎる人たち全部に何か伝えなくちゃ、と思うからなのです。だから、伝える相手を絞り切れず、何も書けなくなってしまう。

黒板 POP を活用している高崎卓球の中島陽介店長は、

「来店してくれたお客さまに向けて書くようにしている」

と言います。黒板 POP に気づいてくれるのは、卓球に興味のある人だけ。だから、来店してくれたお客さまに向けて書くのであれば、

- **「ご来店ありがとうございます。」などの挨拶**
- **言葉やイラストで遊んで楽しく**
- **気合いを入れずにいつもの自分らしく書く**

そして何よりも、**売り込むようなコピーは書かない**と教えてくれました。つまり、お客さまは、「売ってやるぞ！」という店からの気配を感じると、「買わなきゃいけないのでは……」と後ずさりしてしまうものなのです。

店頭の黒板 POP は、来店してくれたお客さまに向けて書きましょう。八方美人じゃなくていいんです。

形が変わると目と足が止まる

手書き POP の多くは、大きさは違っても定型サイズ（A サイズ、B サイズ）の用紙でつくられています。パソコン POP も規格の A サイズで出力されます。**用紙のサイズがきちんと揃っていると、統一感のある売場ができる**というメリットがあります。

定番棚に付けるひとコトPOPも同じです。

ところが、規格サイズのPOPばかりに囲まれていると、せっかくPOPを付けているのにスッキリ見慣れた風景となって、お客さまの印象に残らなくなってきます。

そこで、ひと工夫。用紙の形を、「丸型」「ギザギザ型」「フキダシ型」、２月のバレンタイン前には「ハート」、秋なら「栗」の形など、季節やイベント、商品をイメージして紙をカットします。それだけで、お客さまからの注目度が上がり、お客さまの目と足を止めることができます。

「ふせんPOP」で、気づいたらすぐに書く！

POPを書く人が一番苦手なのが「タイムリーに表示する」ということです。陳列棚に商品が並ぶのと同時に、POPも付けるのが理想ですが、どうしても商品を並べることが先になります。

いざPOPを書こうと思っても、すぐには書けないことが多いもの。

例えば、パソコンでPOPをつくろうと思っても、パソコンを誰かが使っていたら、POPをつくる作業は後回しになります。そして、時間が経てば経つほど、他の業務に追われて「もうPOPは書かなくてもいいかな」と思ってしまうのです。

そこで、気づいたらタイムリーにすぐに書ける「ふせんPOP」の出番です。

ふせんの大きさは５cm×５cm位で、色は黄色をオススメします。

コピーを書くためのペンは黒色で、文字の下にラインを引くための赤ペンもあるといいでしょう。

POPは決められた用紙やペンで書かなくとも、情報が足りないところにタイムリーに表示するべきです。だから、できれば**商品を見ながら、お客さまを見ながら、売場で書いた方がいい**のです。それができるのが、ふせんPOP。

……と、いいことずくめと思える、ふせんPOPですが、ただひとつ弱点があります。それは、**はがれる危険性が高い**ということ。

売場でスピーディにふせんPOPを付けた後は、きちんとしたPOPをつくり、付け直しましょう。

マーカー1本と紙1枚でPOPは書ける

POP 1年生の中には、「マーカーはどれを揃えればいいですか？」「パソコンのPOP作成ソフトはどれがいいですか？」と熱心に聞く人がいます。

それよりも、黒マーカー1本と紙を用意してください。マーカーがなければ、鉛筆でもボールペンでもPOPは書けます。

POPの道具は必要ですが、こだわりすぎる必要はありません。

手軽に簡単に始められるのがPOPです。道具よりも、思いついたらすぐに書くことが大事です。

満点をねらうな。赤点を取らなければいい

POP 1年生はうまく書けなくて当たり前。

「もっと上手に書かなきゃ」と、考えに考えてから書くと、時間ばかりかかってしまいます。

上手でも下手でも**「お客さまがPOPを見て商品を買ってくれた」ということが満点のPOP**。

ここでいう**「赤点のPOP」は誤字・脱字がある**など、**お客さまに見せられないもの**のことです。

いわば、POPを書く人は毎日テストを受けているようなもの。

「この商品を買ってもらうには、どうすればいいでしょうか？」とい

う問題の答えをPOPという答案用紙に書いて売場に「提出」し、お客さまが「採点」。お客さまが商品を買ってくれたら、POPに書いた答えは「満点だった」ということです。

だから、POPをつくったら、必ずお客さまの反応を見て、商品が売れなかったら、書き直して提出してください。

例えば、毎月平均４個しか売れていなかった商品が、POPを付けてから毎月平均６個売れるようになれば、それはPOPの力です。

POPを書いた人の上司は「販売個数が増えたね。満点だ！」と、きちんと評価してあげることも大事です。

バカボンのパパになって書こう

POPが書けない人は、「失敗してはいけない……」「怒られたらどうしよう……」「お客さまから何か言われたらどうしよう……」「POPを付けても売れなかったらどうしよう……」「『センスがない』と言われそうで怖い……」と、いろんなことを怖がっています。

POPを書けるかどうかは、気持ちの問題です。まさに「気の持ちよう」なのです。

とにかく書いて、できたPOPを売場に付けることが大事。たくさん書いて商品が売れるようになったら、必然的に上手になっていきます。

ここで最終兵器のアドバイスをお教えしましょう。僕はPOPを書く時、いつも、「これでいいのだ！」と思っています。失敗しても「これでいいのだ！」と思えば、**失敗が後で必ず生きてきます。**

くよくよ考えない。

失敗を恐れない。

ダメだったらダメでいい。

「そういう気持ちでPOPを書くのだ！」（バカボンのパパふうに）

32 見やすく読みやすい文字を書こう

自分の文字を読みやすくするための2つのコツ

「字が下手だから、POP は書きたくな～い！」っていう気持ち、わかります。私も字が苦手です。自分で書いた字が、たまに判読不可能になります。当たり前ですが、そんな字で POP を書いていたら、お客さまは読むどころか、POP を見る気も起こりません。

でもね、実は POP って、**下手でも自分の文字が一番いい**んです。

だから、私は POP を書くときには、

「いつもよりゆっくり書く！」「文字の最後は必ず止める！」

という２つを意識して「POP 文字」を書いています。

おかげで、POP の文字が読めないと言われたことはありません（笑）。

自分の字をPOP文字にする!
①いつもよりゆっくり書く。
おうっ!! 速い速い〜!!
もっと ゆっくり でいいよぉ〜
書けそうだけど意外とムズカシイ…
ぐぬぬ
サッ
シュッ
ササーーッ
サッ
サッ

自分の字をPOP文字にする!
②最後は必ず止める。
うまくなくってもいいっ!!
80% コレ!!
かのこ
キュッ
止める!
止める!
止める!

33 上下型レイアウトは迷わない

考える時間をゼロにする究極のシンプルスタイル

「POP を書くから、商品のこと、たくさん調べたよ！ こんなに良い商品って、知らなかった〜！」とテンション上昇のまま、手にマーカーを握って、POP 用紙に向かったのですが……。あれ？ なぜか手が 1 ミリも動かない（汗）。

「この真っ白の紙に、どーやって書いたら POP になるの？」と、固まっちゃうことありますよね。目の前の真っ白な POP 用紙と、迫りくる山積みの業務、閉店時間までのタイムリミット。

ああ、店内に『蛍の光』が流れてきた。

「今日はもうダメだ〜、私にセンスないからだ」と思っちゃいます。

「上手に書かなきゃ、上手に書かなきゃ……」と、気持ちだけは焦っても、手が動かないまま、時間だけが過ぎていく。

POPを書く人はこんな経験、誰でもしているはずです。

でも、大丈夫！ 知っておくと使える「どう書いたらいいの？」から解放されるPOPのレイアウトがあるんです♪

それは「上下型レイアウト」といって、上にはキャッチコピーもしくは商品名を大きく、下には説明コピーや商品名、価格を入れるだけの、超シンプルな形です。

書く中身によって、POPを上と下に分けて書く方法ですね。

33 上下型レイアウトは迷わない

キャッチコピーはお客さまに一番読んでいただきたいところなので、「上下型レイアウト」では、用紙全体の 30 ～ 50%ぐらい使って書きます。だから、文字も POP の中で一番大きくなります。**「こんなに大きく書いて大丈夫かな？」と思うぐらい大きく書いて OK です♪**

キャッチコピーは、いろいろ調べた商品知識の中で、自分が一番「へぇ～！ 実はすごいんだ！」と感じたことや、買っていただきたいお客さまへの呼び掛け、お客さまからよく聞かれることを書いています。

お客さまも、知りたかったコトの答えが POP に書いてあったら、うれしいですよね。

キャッチコピーを書いたら、その下には説明コピーとして、オススメの理由や、お客さまがその商品を買ってよかったなぁ、と思えるコトなどを書きます。この部分はお客さまが読むところなのですが、長すぎず、３行前後。文字の色は黒がベストですよ。

この「上下型レイアウトPOP」は、売場の中で、とにかく目立たせることが大きな役割だと、私は思っています。

だって、自分が商品を調べて、お客さまに一番伝えたいことなので、であればこそ、大きな声で遠くにいらっしゃるお客さまにも気づいてもらいたいし、声を大にして言いたいじゃないですか（笑）。

34 大きさにメリハリを付ける

マーカーの種類や太さを変えるだけで OK です

POP 1年生が POP を書くファーストステップで、ついやってしまって、やる気を喪失してしまうことのひとつ、それは、

「文字の大きさ・太さが全部同じになっている」

だったりします。書きたいことはきちんと書いているのに、なんだか思っていたような POP じゃなくて、出来上がりは何だかのっぺり。

「あれ～？ 自分が想像していた感じとちがう～！」

「やっぱり私、センスないじゃん～！」と大ショック！

でも、大丈夫です。文字の大きさと太さにメリハリを付けると、劇的に見やすくなります。それは**意外と簡単**なのです！

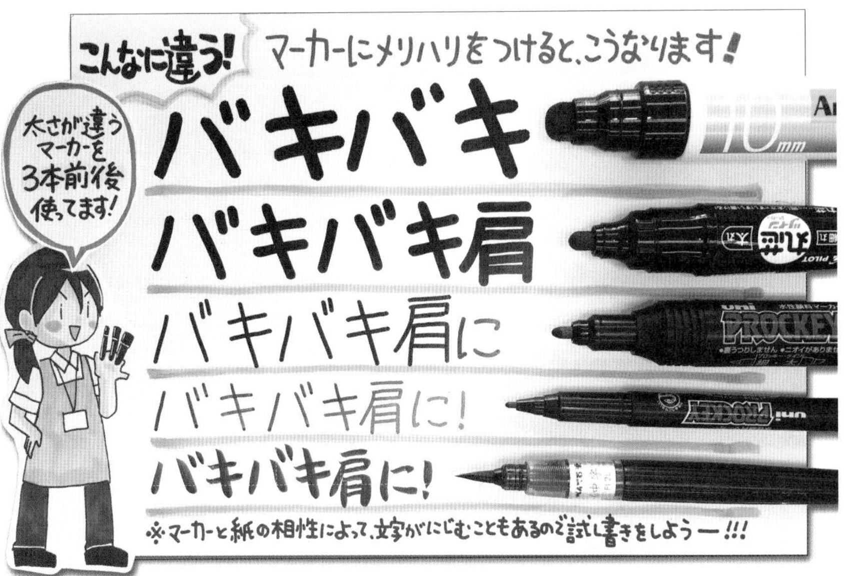
こんなに違う!
マーカーにメリハリをつけると、こうなります!
太さが違うマーカーを3本前後使ってます!
バキバキ
バキバキ肩
バキバキ肩に
バキバキ肩に!
バキバキ肩に!
10mm
PROCKEY
※マーカーと紙の相性によって、文字がにじむこともあるので試し書きをしよう一!!!

マーカーの太さを変えるだけで
脱のっぺり!
夏バテ対策に
オススメ!
アミノ酸パワーで、毎日の
元気をサポート!!
○ドリンク ￥○○○(税込)
簡単…!!
たったコレだけで
良かったんだ!!
見違えたわ〜♡

35 大事と思ったところはラインを引こう

お客さまにどうしても伝えたいところを効率よく伝える

「早い！」「簡単！」「目立つ！」の３拍子揃った「POP の目立たせ技」を取り入れてみましょう♪　用意するのは、太めのマーカー１本だけ！　そして**「自分的にココが大事！」と思ったところに、ラインをグイッと引く！**　この技、多くの先輩たちが駆使（くし）していて、今もなお現役バリバリ！　実はコレ、試験勉強する時「あ、ここ覚えておこう」と思って、教科書とかにラインを引くアレです（笑）。ほら、試験本番５分前には、他は飛ばしても、ラインを引いたところを集中して見ますよね。

それが POP に変わっただけなので、お客さまもラインを引いたところを見てくれるんです。

お客さまが売場で初めて見るPOPの、「大事なところ」にラインが引いてあると、お客さまの目が自然とラインに沿って文字を追いかけるため、商品の良いところや、お店が伝えたいことを、パッと見てもらいやすくなるんです。

もし、このラインがなかったら、POPのどこが大切なのかわかりません。

だから、お客さまがPOPの前を通り過ぎる瞬間に気づいてもらったり、限られた時間の中で商品を見比べる時に、効率よく商品の良さを伝える方法として、ラインを使わない手はありません！

36 文字がハミ出した時の裏ワザ

伝えたい気持ちに紙を合わせればいいんです！

「今これが売れています」というPOPを書いていたら、最後の１文字の「す」が用紙に入らない……。こんなことありますよね。特に私は、キッチリと下書きをするタイプではないので、よくあります（汗）。

実は私、１文字ハミ出し以外にも**「多文字ハミ出し事件」**を、本当によくやってしまうんです。下書きをしていても、思いがけずマーカーが太かったり、にじんだりして、少しずつズラして書いて……。

そのうちに、最後まで説明コピーが入らないことに気づいて、文末に向かってドンドン文字が小さくなっていって、ラストの５文字ぐらいは、字がつぶれてしまったり……。

ホッターが、本当によくやってしまう
文字ハミ出し事件の数々。
しかも線が太くなった!!
思ったよりにじむ
げ!!
スタッフ
じゅわー
下書きしない!一応A型
文字を小さくしていったけどつぶれるし入らないし、読めないし。
スタッフも使ってます
やっぱり…
強行した
しかも、ラミネートして売場に出して気づく
うおー 早まった!!
キャンペーン
「ン」がない!
ああも
入らない!
すすめ
ココ
最後の「!」が…
くっ!
もおお!!

しかし、そんな時は!
正々堂々と紙を継ぎ足す!
両面テープがオススメ。
よれない・ぬれない・お客さまが見てキレイな仕上りに!
今これが売れています
誤字脱字のときも、コレで
ええーとここだな!
よーしっ続き書くぞーっ!

36 文字がハミ出した時の裏ワザ

「文字ハミ出し事件」が起きてしまった時って、また最初から書き直さないといけないのでしょうか？

ちなみに私は、「バッチリ書けた～♪」と有頂天になっていると、文字の間違いを指摘されることが多いです（汗）。

こんな時は、書き直さなくても大丈夫です。**正々堂々と「紙を継ぎ足し」しましょう。**今書いている紙の上から、同じ色の紙を貼りつけて、その上から文字を書いて修正完了です。確かに紙を継ぎ足している分、お世辞にも「キレイ」とは言えませんが、この方法は「誤字脱字事件」が起こったりしても使えますよ。

POP で大事なのは、**ハミ出さないことではない**んです！ ハミ出し事件をよくやる私だからこそ、断言できます！ 文字がハミ出る時って、見切り発車的に POP を書き始めたことも原因かもしれませんが、やはり「文字が大きすぎた」のが一番の原因だと思うんです。

これは、それだけノビノビと、お客さまに商品のことをお話しできているということです。

その「伝えたい！」という気持ちを、紙の大きさに合わせなくても、**気持ちに紙を合わせていいいんじゃないかな！** 私がよくやる裏ワザなので、「言っちゃえ〜！」のノリでお伝えしました！

37 紙の色の選び方

1色に決めておけば、わざわざ選ぶことはありません

お店にある道具をひょいと渡されて、「好きなの使っていいよ〜」と言われ、とりあえずそれらを使って、どーにか、こーにか、POPを書いた、というのがPOPづくりの始まりだったという人、意外と多いのではないかなぁ？

私がまさにそうでした！

お店でPOPを書ける人がいない場合、POPを任されるのは、だいたい新人さんか、絵を描くのが好きな人、またはPOPが必要とされるコーナーの担当者が、なんとなくお店全体のPOPを書くようになっていく、ということが多いと思います。

私のようなPOP 1年生が、手書きPOPを書くことになった時、最初にブチ当たるPOPの関門が「紙の色選び」だと思います。私が今までに勤めたお店には、色とりどりの画用紙や折り紙がありました。だからこそ迷うのです。**「パソコンだったら、色をあれこれ変えて決められるのに、なんで手書きなんだ、効率悪いなぁ」**という思いがフツフツと湧いて、やる気がそがれます。あくまで私個人の感じ方ですが……。

私は「書けないスパイラル」にどハマリして、まちがった色選びの紙で書いていました。

当時は「何か変」なことに気づいていなかったのです。

37 紙の色の選び方

POPの「紙の色選び関門」をくぐり抜けてきた私が思う、POP 1年生にオススメの紙の色は、ズバリ「白」。これで決まりです！

その理由は、**①字が読みやすい、②比較的どこでも手に入りやすい**、ということ。これは、「POPの学校」の山口校長もおっしゃっていました。POPは、お客さまが見た瞬間に読めないと、スルーされますよね。これでは意味がありません。

だから、文字が読みやすい、白い紙がいいんです。

私が書くPOPは今、圧倒的に「白」が多くて、コピー用紙に書くことが多いです。

白紙でも、お店に準備されている色画用紙や折り紙を、白 POP の台紙にして目立たせたり、季節のちょっとした飾りにすれば、楽しい売場になります。

マスキングテープをアクセントにすれば、カワイイし、お客さまに「注目!」してほしい時は、色紙で矢印をつけるといいですね。

POP の紙の色選びは、手書き POP を書く人ならば、誰もが越えていかなければならない、手ごわい関門です。

でも慣れてくれば、紙の色選びが楽しくなる時が、きっときます。

それまでは、**「POP は白い紙に書く」と決めちゃえば気が楽ですよ。**

38 マーカーの色の選び方

3色に決めておけば、そのつど選ぶことはありません

これまで、POPのレイアウトや紙の色についてお話ししました。

レイアウトは「上下型」でよくて、紙の色はとりあえず「白」を選んでみた……としても、POPを書く時の問題は、

「文字を何色で書いたらいいか、わからないっ！」

と思っている人、実はすごーく多いのではないかなぁ？

何十色もあるマーカーや色鉛筆を前に悩みすぎて、「POPが書けない！」なんてことに、なっていませんか？

そんなあなたに、超朗報です！

POPを書くマーカーの色を、はじめから決めてしまえばいいのです！

私がPOPを書く時は、黒と赤と黄色の３色。これだけ！

迷わなくたっていいんです。これだけでも時間短縮できますよ！

目立たせたいキャッチコピーは「黒か赤」。どっちも強い色なので、ちょっと離れて見ても、文字がボケません。

説明コピーは、お客さまにしっかりと読んでいただきたいから、読みやすい「黒」にします。新聞とか本とか、黒インクで印刷されているのは、読みやすいからです。「黄色」は、特に強調したい言葉にラインを引いたり、コピーを枠で囲んだりする時に使います。だから、マーカーは３色セットから始めましょう。

39 絵心がないからPOPも書けない

そんな心配がなくなるカラフルツールを紹介！

「POPを書こう！」っていう時、「え！ イラストが描けないから無理！」と思いませんか？ 私の感覚だと、8割ぐらいのPOP 1年生が、激しくうなずいてくれそうな気がします。

でもPOPって、手書きイラストがないといけないものなのでしょうか？

確かにイラストがあったほうが、パッとPOPが伝わりやすいとは思うけれど、イラストが苦手で、そのせいでPOPを書きたくなくなっちゃうのであれば、無理して描かなくてもいいと思うのです。

大事なのは、お客さまに商品の良さを伝えることですから。

それでも「イラストは描けないけど、文字だけだとなんか寂しい。イラスト入れてかわいくしたい」と思う人もいるのでは？

そこで、私の周りのイラスト苦手さんたちが、実際にやっていることをご紹介します。まず、ネットでフリーイラストを検索してプリントアウトしたり、自分で商品の写真を撮るのもオススメ！

マスキングテープも速い！キレイ！で便利です。

でもね、何よりも大事なことは、**「上手なイラストは、お客さまがPOPを見るキッカケになるかもしれないけど、商品を買う決定打とは限らない！」**と、山口校長がおっしゃっていました。

40 POPパターンで楽しく読みやすく

商品イメージに合わせて使えば訴求力アップです

POPの超基本である上下型レイアウトでPOPを書いてみると、「おお！ 私にもPOPが書けたっ！」と感動すると思います。

でも、なんとなくインパクトがなくて、「悪くはないんだけど、なんか、寂しい……」と思うかもしれません。

そんな時は、「POPパターン」を使ってみましょう！

「ポ、POPパターンって何？」と思う人、たくさんいると思います。

実は、POPパターンって、私たちが普段からアチコチで見ているものなんですよ〜♪　もしかすると、上下型レイアウトで書いた時に、使った人もいるかも！

POP パターンとは、イラストのように、紙のフチをカラーの実線や点線やちょっとオシャレなラインでぐるっと囲んだり、キャッチコピーの下に色を引いたり、ふわふわっとした模様で文字を囲んだり、バクダン型で注目度をアップさせたりする模様のことです。

「あ～、言われてみれば、お店でよく見る～！」って思いますよね。

このPOP パターンがあると、**パッと POP を見た時に、POP が断然楽しくなるんです。**なんかワクワクして元気な感じがしますよね～！

それに枠で囲んだり、線を引いたりすると、文字も読みやすくなったりします♪

40 POPパターンで楽しく読みやすく

初めてPOPパターンにチャレンジする時には、「こんなにいろいろ書けないよ～」と思う人もいるはず。そんな人にオススメなのは、**POPのフチをカラーの実線で一周ぐるっと囲んじゃう**POPパターンです。POPパターンを書くときのコツは、**商品イメージと合う色とデザインを使うこと**です。例えば、ブルーベリーのサプリメントのPOPに、紫色を使ってPOPパターンを書くと、他の色で描いたPOPパターンより、ブルーベリーを思い浮かべやすくなります。

もちろん、使う紙は白がオススメです。薄い色でPOPパターンを書けば、パターンの上から文字を書くこともできます。

こんなに便利でPOPが楽しくなるPOPパターンですが、たくさん使いすぎるとゴチャゴチャになります。1枚のPOPに使うパターンは、フチの枠、文字のふわふわなど、**多くても2つくらいにしましょう。**

お店にある、メーカーがつくってくれたようなきれいな販促物にも、POPパターンが必ずといっていいほど使われています。

そういう販促物を「なんでこのPOPパターンなのかな？」と考えながら見ると、例えば、「柔らかいのが特徴の商品だから、雲の形のPOPパターンなんだ！」という感じがわかるので、とても勉強になります。

ぜひお試しください♪

41 POP の大きさ、どうしていますか?

書く前に付ける場所で、ざっくり測れば失敗なし

私が生まれて初めて POP というものを書いたのは、ドラッグストアの販売員として入社した超新人の時。商品はあるメーカーの電動歯ブラシ。先輩から「この棚に置けるような POP 書いてね。お客さまが見て、買いたくなるようなやつ」と、ざっくりとしたリクエストをもらいました。正直言って「POP って、何?」と思いながらも、なんとか POP というものを書き、売場に付けると、POP が小さすぎて全然目立たない!

「何コレ! 小さい! これじゃ、見えないよ!」という、予想外の先輩の反応に、私はオロオロ……(泣)。

「え? 書くだけじゃダメなの?」と思いました。

私が初めてPOPを書いた時は、見映えが気になって、大きさなんて考えもしませんでした。お客さまのことを考えず、上手か下手かだけを気にしすぎた120%自己満足のPOPだったのです。POPが小さいので、棚はスカスカな感じに見えて、見るたびに悲しかった（涙）。

それ以降、POPを書く時は、必ずざっくりとでも、POPを付ける場所を測るようになりました。私は性格がおおざっぱなので、**いつでもパッと測れる「手尺」**です。

コピー用紙を持ってきて、だいたいの大きさにコピー用紙を折って「このぐらいに書けばOKか」と考えることもあります。

41　POPの大きさ、どうしていますか？

今は、売場や商品に対してのPOPの大きさって、本当に大事だと思っています。POPの大きさによって、売場や商品が魅力的に見えるからです。

例えば、ワイン売場に「家飲みワインBest 3！」という大きなランキングPOPがあって、ランキングに入っている商品が並んでいたら、お客さまも楽しくて、「ちょっと寄って行こうかな」と思いますよね。

それに、**適切な大きさのPOPがあると、売場に「やる気」や「活気」が生まれるんです。**そして、お店やスタッフの商品に対しての自信を、お客さまに伝えることができると思います。

逆に、売場に「やる気」や「活気」が生まれないのが、このイラストのようなPOPです。売場の広さに対しても、商品の大きさに対しても、そしてPOPスタンドよりもはるかに小さく、キャッチコピーも説明コピーも、全然目立ちません……。

こういう小さなPOPでは、売場に「やる気」「売る気」が見えないので、お客さまは商品の価値を感じられずにスルーしちゃいます。

ああ、私は今だからわかる！ このPOPは私が初めて書いたPOPそのもの！ もし、キャッチコピーや説明コピーに良いコトが書いてあっても、見てもらえませんよね。

42 あったらいいなってとこにある？

お客さまより先回りしてPOPを付けよう

POPは「商品」と一緒に付けてあることが多いですよね。通常置いてある商品ならプライスカードを、売りたい商品なら、お客さまに興味を持っていただけるような大きさと内容のPOPを付けます。でも、POPは売場に付けるだけじゃなくて、いろんな場所で大活躍できます。

例えば、いつもレジでお客さまに「ポイントカード、お持ちですか？」と聞くお店なら、レジの料金画面にその内容のPOPがあると、お客さまはレジを待っている間に、お財布からカードを出しておいてくれるかもしれません。

まさに、POPはもうひとりの自分です。

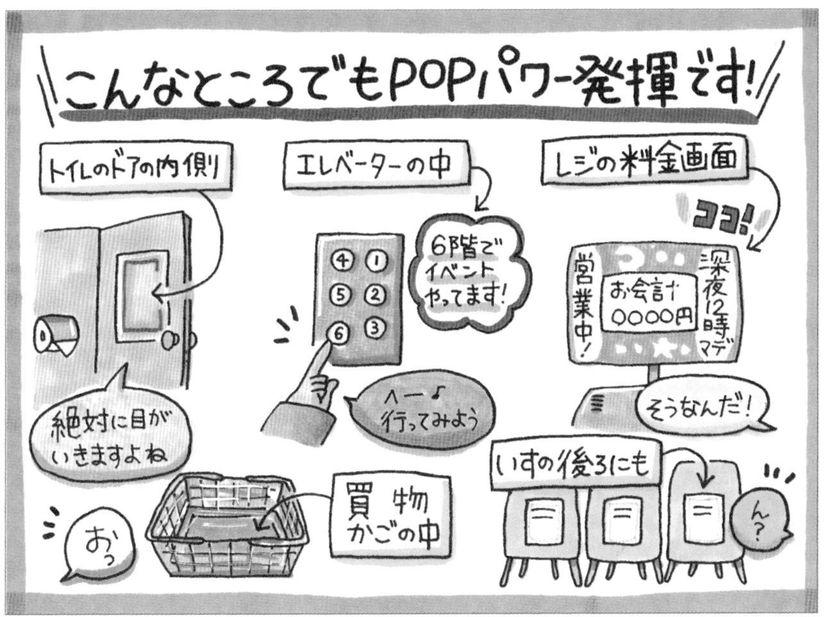

POP を書き始めた頃は、商品の POP を書くことで、いっぱい、いっぱいかもしれません。でも、POP を書き続けていると「あれ？ ここにも POP があったほうがいいんじゃないかな」とピン！とくるようになります。私は以前、店内でお客さまに青汁の試飲をしていただきました。その時は、売場の POP しかつくりませんでしたが、今なら「試飲するトレーに、試飲実践中の POP を付けたらどうかな♪」と、スタッフに提案したかもしれません。

そう！ **POP って「ここにあったら、お客さまに伝わる、親切、役に立つ！」と気づいた場所に、ドンドン付けていい**んです！

42 あったらいいなってとこにある？

山口校長の著書『**コト POP を書いたら　あっ、売れちゃった！**』の中で、「お忘れじゃないですか？ 父の日のプレゼント」という POP がスーパーのスタッフの「背中」に貼ってあって、おもしろいな〜！と思いました。

例えば、この事例の背中の POP を「何かわからないことがありましたら、お気軽にお声がけください」というメッセージに変えると、お客さまがスタッフに声をかけようとする時の「ドキドキの重さ」が、少し軽くなるような気がしませんか？

私ならきっと、「背中の人」を探して声をかけると思います（笑）。

実はPOPって**「商品を売るための販促物」という役割**だけではなくて、**「親切なお店」をつくってくれる、気が利くコンシェルジュ**でもあるんです。「ちょっとお姉さん、この売場に行きたいんだけど、どこにあるかしら?」「この商品はどこですか?」「ここにあった商品、どこにいっちゃったのかしら?」など、お客さまからよく聞かれる質問はありませんか? それを、POPコンシェルジュに誘導してもらったり、先回りした場所でお出迎えしてもらいましょう♪

POPが活躍できる場所は、意識するとたくさんあるので、ぜひ「あったらいいな」って場所を見つけてみてくださいね!

43 ジャポニカ学習帳が役に立つ理由

なんと！ 水色ラインの枠が文字練習にピッタリ

「POP の学校」で初めて、自分の文字を見やすく読みやすい文字に変える書き方のコツを習った時、ツルピカの水色のラインが入った文字の練習用紙を使いました。

「ラインが入ってて、すごく書きやすいけど、こんな専門チックな用紙、どこで売ってるのかなぁ」と思いました。

福岡に戻ってしばらくすると、「POP の学校」でいただいた練習用紙を使い切ってしまいました。仕方がないので、コンビニでその用紙をコピーした紙で練習していた私に、山口校長が教えてくださったもの。

それがなんと、**「ジャポニカ学習帳（こくご8マス）」**です！

「え？？？ いくらPOP１年生だからって！ 山口校長ったら～！ フフフ……」と思いながらジャポニカ学習帳をめくると、そこにはなんと！ あの水色のラインが入ったマス目が！ 文字練習用ノートとしてのクオリティの高さに脱帽！（当たり前か）

そして実際に使ってみて、びっくり！ この学習帳のマス目を４つ使うと、A4サイズぐらいのPOPのキャッチコピーの文字の大きさと、だいたい同じくらいの大きさの文字が書けるんですね～！

ちょ、超～良い！ こんなのが早く欲しかった！ POPを書く人には、激オススメです！

43 ジャポニカ学習帳が役に立つ理由

ジャポニカ学習帳に合うマーカーは、ダントツで三菱鉛筆の「プロッキー」です。水性だから裏写りの心配もないし、発色もよく、全国どこでも買えます。何より線の太さがバッチリすぎます。ちなみに、前ページの練習文字は、「細・太」タイプの「細」で書きました。

今まではPOPを書く時、いざ読みやすい文字を書こうとしても、緊張してしまいうまく書けなかったのですが、**プロッキーは書きやすいのでドンドン練習できます。**練習すればするほど確実に上達して、「昨日の私」を見返すことができるので、やる気が出ます！ よ～し、書きまくるぞー！ みなさんもがんばりましょー！

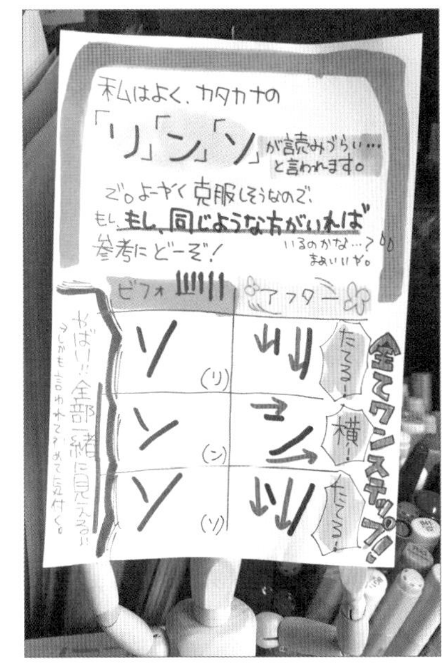

私がジャポニカ学習帳を使ってよく練習するのは、カタカナの

「リ」「ン」「ソ」

です。「リ」も「ン」も「ソ」も、私が手書きで書くと、全部同じ文字に見えちゃうんですよ……。これはヤバいです！

しかも、自分では書き分けているつもりなので、人から「読みづらいよ」と言われるまで気づきませんでした……。

というわけで、**「リ」「ン」「ソ」を書き分けるコツ**は、

「リ」の一画めの線は、立ててまっすぐに書く。

「ン」の一画めの線は、横に伸ばす。

「ソ」の一画めの線は、立ててちょっと斜めに書く。

もし、同じような悩みを抱える人がいたら、参考にしてくださいね。

44 苦手な筆ペンが好きになった理由

「飛んでも跳ねても、すべてOK」の自分流です

私と「筆ペンPOP」との出合いは、アルバイトをしていたスーパーのお惣菜コーナー。筆ペン独特の味と温かみがあり、ひそかにあこがれていました。

ある日、お店の手書きチラシに、思い切って筆ペンを使ってみたら、大失敗！ その時の文字は、忘れもしない「ありがとう」でした。

それからというもの、「やっぱり筆ペンって、センスのカタマリがないと書けないんだ」と思い込むようになってしまいました……。

「難しそうだから、いつか時間がある時に、ゆっくり習おう」と思って、筆ペンを見ては、机の引き出しにしまい込むようになり、はや数年。

しかし！ そんな私に山口校長が、神戸にある「食の棚フーケット」の久保孝英さんの筆ペン POP を紹介してくださったのです。

久保さんの POP を見た時に、私の長年の筆ペンコンプレックスが、ガラガラと音を立てて崩壊していきました！

一体全体、私がコソコソと筆ペンから目をそらしていた日々は何だったんだろう？

「私は筆ペンを使って書きたいんだ！」ということを思い出した私は、山口校長の本を読んで銀座に飛んで行った時のような勢いで、一度もお会いしたことのない久保さんにメールを送りました。

44 苦手な筆ペンが好きになった理由

私がメールを送ると、久保さんはとても快く、「久保流筆ペン POP」を教えてくださいました。久保流筆ペン POP は、

「①出だしは太く大きく、商品のことをひと言で書く」

「②次に商品説明と商品写真」

「③自分の字で書く」

というものです。筆ペンを握るだけでも、いつもと違うことをしているようで緊張していた私は、いつもどおりでいいんだ！と、すごく気がラクになりました。「出だしの言葉を大きな文字で書くのは、最初のインパクトが大事だから」ということも学びました。

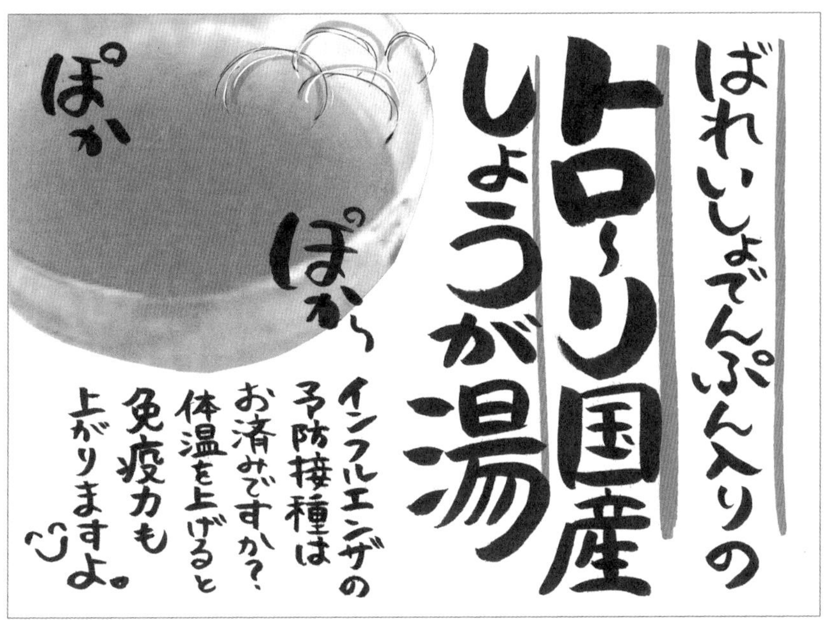

その日から、早速、久保流の教えを守りつつ、筆ペンPOPにチャレンジ！ 書く枚数を重ねていくと、だんだんと「マーカーで書いても筆ペンで書いても、**私の文字は私しか書けないんだから、味があって当然！**」と開き直るようになりました（笑）。

強調するところは、朱色の筆ペンで線を引いたり、文字の横に点を付けたりするだけでＯＫ！ 何より字がヘタな私にとって、それが「味」に見えるので助かります。

今では、私の職場のPOPは、ほぼ筆ペンで統一しています。

あんなに苦手だと思ってたのに、自分でもびっくりです！

45 書き直しが簡単な便利ツールの紹介！

ピッタリサイズを選んでブラックボードを活用しよう

「ブラックボード」って、よくお店の外に出してある黒い立て看板です。外に立ててあるものは、「Ａ型看板」と言われるものが多いと思いますが、お店の売場で使えるようなＡ４サイズもあるんです。

オシャレなイメージもあったりして、ムダに敷居が高く思えるこのブラックボード。

でもね、実際に使ってみると、紙に書くよりもすごく敷居が低いことがわかったんです。なぜなら、**書き間違っても何回でも書き直せるから。**

これは大発見でした！

私はこれを使うようになって、すごーく楽になりましたよ。

ブラックボード…!?
そんなオシャレなもの
私なんて無理ですよっ!
っていうか難しそうですよ!?
い、いつの間に…!?
つべこべ言わずにやってみる!!
大丈夫!!
ブラックボードは
書き間違っても
何回でも
書き直せるよ!
やってみて〜!!
うちのお店のスペース的にはこのA4サイズね〜
ウェットティッシュ

あ〜〜!
また最後の1文字が
ハミ出しちゃった〜!!
ああもう…
だけど…
ウェットティッシュで
消して…
乾いたティッシュで
水気を取る…。
キュキュ
おお!! 消えた!
一筆入魂な紙より
リラックスして
書けるー!!
ななんて楽チンなんだ!!

45　書き直しが簡単な便利ツールの紹介！

ブラックボードに書く内容は、「お天気」「最近の出来事」「運動会や田植えなどの行事」など、地域のイベント情報や旬なコトを書くのが、個人的にはオススメです。特に、店頭のブラックボードは、

「元気にお店開いてますよー！」

って雰囲気を出してくれます。中にいるスタッフに代わり、一日中お客さまに向かって声をかけてくれる存在なんですね。

すぐに書いて、すぐに消すことができる**ブラックボードは、「売る」より、お客さまと「会話」することのほうが向いている気がします。**

第７回商業界 POP 大賞・最優秀賞を受賞した高崎卓球の中島陽介さんの作品。「キャッチコピーは短く」「季節を取り入れる」「クスッと笑えるイラスト」がお客さまの目を引く。

46 超わかるラミネート機のトリセツ

POP が無事に売場に付くことを願ってます

ラミネート機。それは、書いた POP が売場でボロボロに負傷しないようにツルピカ加工してくれるうえ、「立派な POP になった！」と満足感まで与えてくれる、POP づくりの相棒。

そんな相棒が、突然、牙をむく！ 私が初めてラミネートに失敗したとき、**「え――――！ 何で――――!?」**と、ラミネート機に向かって言ってました（笑）。その後も、私がラミネート機に「えっ!?」と突っ込んだ回数は数知れず。パッと思いついたことをイラストにしたら、こんなに……自分でも驚きです。どれだけの POP が、誰にも見られることなくゴミ箱行きになったことでしょう……。

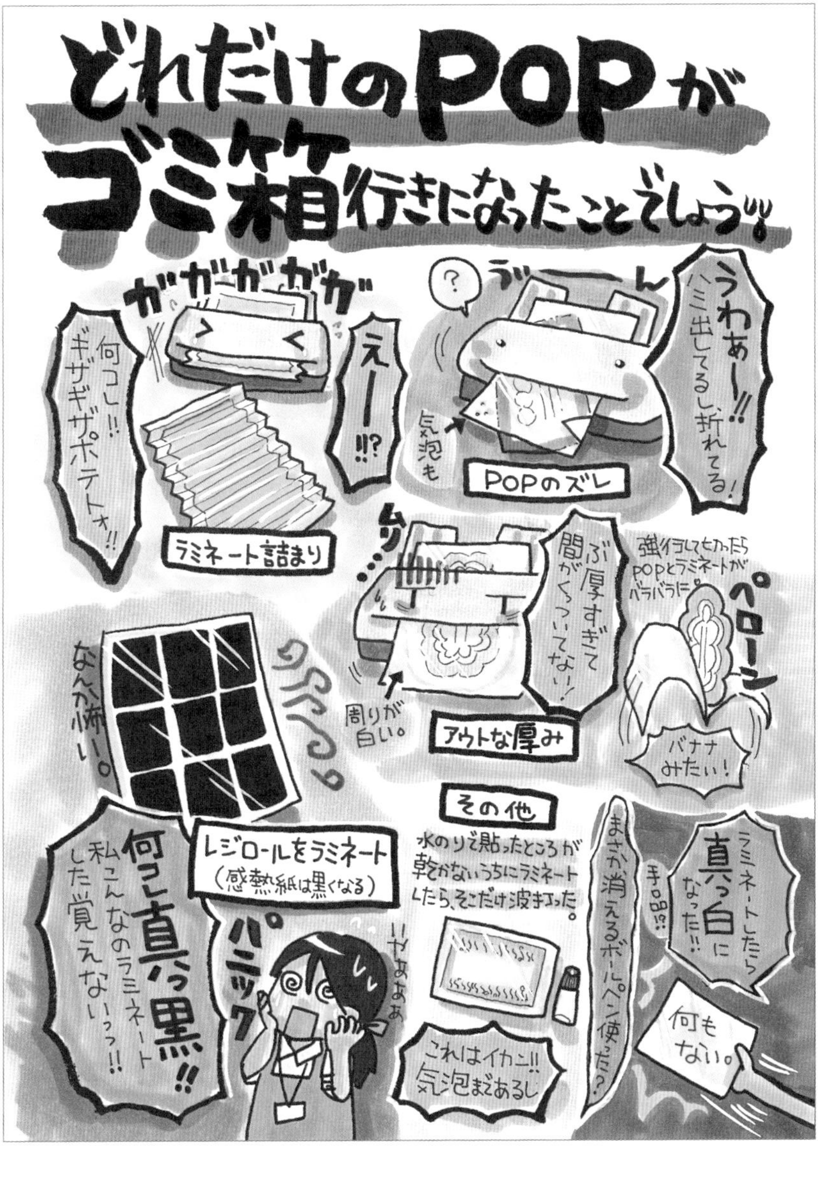

どれだけのPOPがゴミ箱行きになったことでしょう!!

ガガーガガガ

何コレ!! ギザギザポテトォ!!

えー!!?

ラミネート詰まり

?

ヴーーん

うわあー!! ハミ出してるし折れてる!

気泡も

POPのズレ

ぶ厚すぎて間がくっついてない!

強行したらPOPとラミネートがバラバラに

ペローン

バナナみたい!

周りが白い。

アウトな厚み

なんか怖い。

その他

レジロールをラミネート
(感熱紙は黒くなる)

何コレ真っ黒!!

私こんなのラミネートした覚えないーっ!!

パニック

やぁぁぁ!!

水のりで貼ったところが乾かないうちにラミネートしたら、そこだけ波打った。

これはイカン!! 気泡まであるし

まさか消えるボールペン使った?

ラミネートしたら真っ白になった!!

手品!?

何もない。

46 超わかるラミネート機のトリセツ

ラミネート機でよくある失敗は、低温によるラミネート力不足、POP とフィルムのズレ、フィルムの巻き込みです。

これらを防止するための、主な注意点をイラストにまとめてみました。気をつけましょう！　ちなみに私は、少しでも時間短縮したいので、**あと少しで POP が書き終わりそうなタイミングで、ラミネート機に電源を入れて温めておきます。**

さて、最後にもうひとつ。自分がラミネートをするタイミングで、他の人の POP も一緒にラミネートをすることがあると思います。そんな時に限って、なぜか起こってしまうのが、ラミネート大失敗事件！

人から預かったPOPが見るも無残な姿となってラミネートされた瞬間、もう滝のような冷や汗と罪悪感で目の前真っ白です。そんな時は隠したりせず、１秒でも早く書いた人に全力で謝りましょう。

POPは「もう１人の私」。誰だって「私」は大事にされたいですよね。

だから、最大の注意と誠意を持ってそのPOPを扱うことが、書いた人とPOPに対するマナーだと思っています。ところで、公文書（こうぶんしょ）（国や地方公共団体の機関または公務員が職務上作成する文書）をラミネートしてしまうと、その効力が失われてしまうので、大事そうなものだからといって、絶対にラミネートしないようにね♪

47 ラミネート流血事件から学ぶこと

POPを付ける前に必ずチェックするポイント

ラミネートしたPOPの角(かど)が、思いがけず指と爪の間に入ってしまい、グサッとしたことありませんか？ とても痛い、アレです。POPを書いている人ならば、一度は経験したことがあると思われるこの体験。気をつけなければならないのは、POPを書いている人だけではないんです。

ラミネートしたPOPをそのまま売場に出すと、おおげさではなく、お客さまにとって「凶器」になることがあります。

POPの角でお客さまがケガなどなさったら大変です。まだ対策していないお店やスタッフは、至急、次ページのイラストのような対策をしてください。これは、マジです。

ラミネートしたPOPの角でお客さまがケガなどすることがないように、POPの角は必ず丸くカットしてから、売場に出しましょう。

「言われてみれば気づくこと」ではありますが、売場において「言われないと気がつかなかった」というのは、想像力と経験不足だと個人的には感じています。

POPはお客さまに喜んでいただいたり、必要とされたりはもちろんのこと、スタッフやその商品に関わってきたすべての人にとって存在価値があると、私は考えています。だからこそ、**ラミネートしたPOPの角はきちんと丸くしたか念には念を入れてチェックしましょう！**

飲食店における食器は店にとってのひとつのパーツすぎないが、店主とのストーリーを紹介することで、お客さまにも愛着が生まれ、ふつうの食器でも、ただの食器ではなくなる。

小原 潔さん

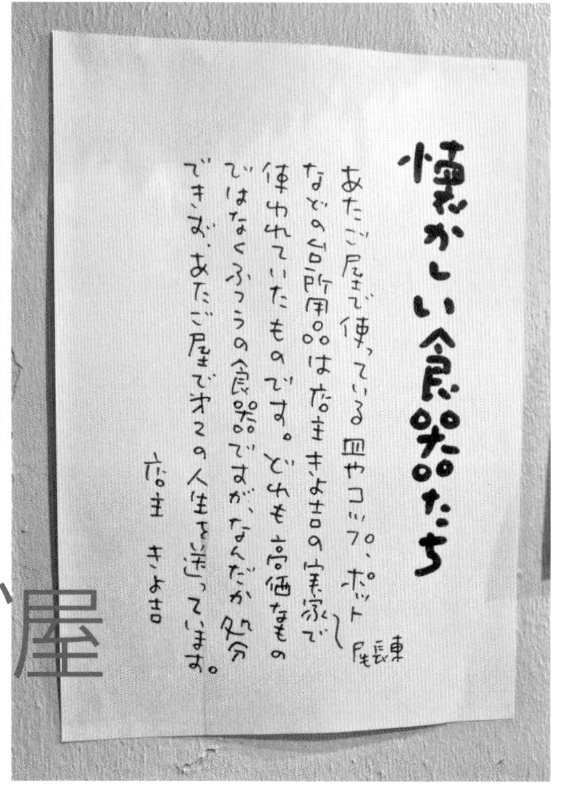

あたご屋

お好み焼き店／広島市

「POPは楽しく、やさしく、やわらかくがモットーです」

どのような形態であれ、飲食店はオーダー率のアップが課題です。広島県にあるお好み焼き店「あたご屋」では、手書きPOPが売上げに貢献しています。昭和レトロな店内の至るところに手書きPOPが貼られていて、そのPOPからは**しゃべり声が聞こえてくるような人間くささ**を感じます。そんなPOPが醸(かも)し出す雰囲気と看板メニューのお好み焼き、そしてオーナー夫婦の人柄もあって、あたご屋は地元の人気店です。

この店はもともと昔ながらの小さな床屋でした。そのレトロな部分を残して改装した店には駄菓子コーナーや元の住居の和室を再利用した座敷などもあり、昭和の懐かしい空気感にひたりながら、広島でも珍しいという薄味のお好み焼きや居酒屋メニューを楽しむことができます。また、店主がカープファンということで広島東洋カープを応援する黒板 POP もあり、試合の日は大勢のファンでにぎわいます。

そんな地域密着型のレトロな店を営んでいるのが店主の小原潔さん。小原さんの書く POP はまるで、「小原さんの声が聞こえる POP」。お客さまも小原さんから話し掛けられているようで、思わずメニューを注文したり癒やされたりしています。

黒と赤の2色を使ったシンプルメニュー。
強調部分は赤で書く。余白をたっぷり取ったレイアウトで、見やすく読みやすい。

そんな小原さんの POP には次のような特徴があります。

- **POP 用紙は主にコピー用紙とダンボールを使用。紙の質感を出すためラミネートはしない。**
- **丸芯のマーカーを使用し、使う色は黒と赤のみ。**
- **紙いっぱいに文字を書かず、余白を多めに取ったシンプルなレイアウト。**
- **POP の中のわかりにくい言葉には、余白にその説明を書き足す。**
- **オリジナルのギミック文字（小原さん命名の手書き文字）で書く。**

このように POP に対してしっかりしたルールを持っている小原さんには、3つの顔があります。

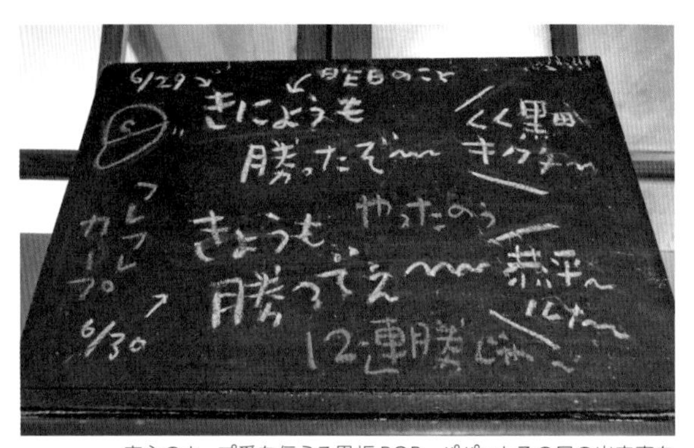

店主のカープ愛を伝える黒板POP。パパッとその日の出来事をお客さまとタイムリーに共有できる。書き足し書き足しによって感情がリアルに伝わり、お客さまとの会話も盛り上がる。

あたご屋の店主の顔の他に、**書店の店主**としての顔。

趣味で集めていた大量の小説などを店の一角に並べ、「ガラガラ書房」という小さな古本屋をオープンしました。

そして**クリエイターとしての顔**です。彼は広島で長年、本の編集や広告デザインを手がけてきたデザイン会社の代表で、食品メーカー「オタフクソース」や、くりーむパンで知られる「八天堂」などの広告や商品のブランディングを行ってきました。そんな中で、小原さんはPOPを数多く手がけてきました。

現場（売場）に自分のPOP制作道具箱を持ち込み、その場で手づくりしていたそうです。オリジナルの手書き文字「ギミック文字」で書かれた懐かしさを感じるPOPは、売場でひときわ目立ち、売れなかった商品や新商品を次々にヒット商品へと変えていきました。

「楽しく、やさしく、やわらかく。そんなPOPをモットーにつくってきたら、商品が売れました」と小原さん。一番のこだわりは堅苦しさがまったくなく、安心感や親近感を見た人に与える「ギミック文字」です。デザイン会社の新スタッフにはまずギミック文字を真似させ、練習させたほど。

その文字を武器に広告物をデザインし、クライアントの売上げを伸ばしてきました。しかし、小原さんはこう謙遜します。「私はまだ（お好み焼き店を開店して間もないので）飲食店のPOPづくりのプロとはまだ言えないが、とにかくPOPでお店の姿勢だけは伝えたい」。

さらに小原さんのPOPづくりには、次のようなこだわりがありました。

・POPは、固いものをやわらかくするもの。メニューなどで、わかり

にくいところに言葉を足して説明し、楽しく伝えるのがPOPである。

- **お客さまが幸せになれるような良い情報を書いて伝える。**
- **メニュー紹介だけでなく、使っている食器や、地元のイベントの紹介など、ジャンルにこだわらずに書く。その際「何屋さん」かわからないようにするほうが、意外性があって楽しい。**

既製のメーカーポスターに手書き文字をプラス。すると急にポスターからおしゃべりが聞こえてくる。これが手書きの力。

また、小原さんは「POPを人間的なものにすること」を強く意識しながらPOPをつくっています。

「お店のPOPにはペンの字がかすれていたり、インクがにじんでいたりするもの、紙が変色して劣化したものもあります。それが逆に、お客さまにとって心地よく落ち着きがあるPOPだと考えます。鮮明じゃないPOPのほうがいいんです。それが人間くさいPOPになって面白いんです」。

- **変色し劣化したPOPも貼り替えずに出し続ける。**
- **既製のポスターにも手書きコメントを加え、しゃべり声を感じさせる。**

そこで、POP 1年生がそんな「楽しく、やさしく、やわらかいPOP」を書くにはどうすればいいのか、小原さんに聞きました。

- **文字は下手でもいいから、自分が書きやすいPOP文字を見つけて、手書きする。**

- 「POP づくりは楽しい」と思うこと。楽しい POP は書く人が楽しいと思わないと書けない。ぜひ POP 研修などに参加してコツや楽しさを学んでほしい。
- しかし、一方で「POP づくりはとても大変な仕事」と思うこと。簡単にできると思わない。積み重ねが大事。
- 伝えたいことを考えるクセを身につける。商品のどんなところを伝えるとお客さまが喜ぶのかを考える。
- 商品のややこしいところを、やさしい言葉やイラストでわかりやすく、楽しく伝えること。

POP 1年生にとって一番大切なことは「言葉選び」だ、と小原さんは言います。「POP は言葉です。**どういう言葉を見つけて書くか**で、結果が違ってきます。私がこれだけ POP をつくれてきたのも、現場に出て行って現場で言葉を見つけてきたからです。いろんな店を見に行って、食べて、体験して……。そこで感じたものを言葉にすることが大切であり、その経験の積み重ねが言葉の見つけ方につながっていきます」。そう前置きした上で、「だから、POP をつくるなら、じっとしてちゃダメです。POP に書く言葉をどんどん外に見つけに行ってください。ヒントはきっとそこにありますから」と話してくれました。

段差につまずく前の注意喚起でリスクを減らす。イラストが入ってわかりやすい POP は、お客さまにとても親切だ。

POP2年生

第3章までマスターしたあなたは、2 年生に進級です。
POPを書けるようになったら、その後はどうなる?
この章では、POP2年生へのステップを紹介。
POPの道に終わりはありません!さらなるチャレンジへ!

「難しい」を「たのしい」に言い換える。販売員はメーカーとお客さまの間に立つ「通訳」

この本の「先輩のお店を見てみよう！」に登場する「あたご屋」が運営するギミック都市生活研究所のホームページには、次のような文章があります。僕のPOPづくりの考え方にとても近いので、ご紹介します。

ギミックの業務はつたえる仕事です。／**ややこしいことを楽しく、難しいことをやさしく、堅いことをやわらかく。**／編集というチカラをかりて、人のおもい、まちのおもい、商品や会社のおもいをつたえていく仕事です。（「ギミック都市生活研究所」ホームページより）

特に注目してほしいのは、「ややこしいことを楽しく、難しいことをやさしく、堅いことをやわらかく」という部分です。

これは、メーカーがつくるPOPと店がつくるPOPを、とてもわかりやすく言い当てています。僕は、メーカーがつくるPOPは堅いし、ややこしいものも多いと思っています。商品や売場にメーカーのPOPが付いていても、言葉が難しいため、お客さまから「これはどういう意味？」と聞かれたことがある販売員もいるでしょう。

販売員は質問したお客さまに対して、答えることができるはずです。

つまりこれは、メーカーのPOPが販売員には伝わっていても、お客さまには伝わっていないということです。

だから、お客さまにとってわかりにくい言葉は、販売員が置き換えてあげることが必要です。

子どもに何かを教える時に、わかりやすく噛み砕いて教えるのと同じで、**販売員はメーカーとお客さまの間に立つ「通訳」にならなくてはなりません。メーカーがつくるPOPと店がつくるPOPでは、言葉選びの視点が違うのです。**

また、このギミック都市生活研究所の文章には「編集というチカラをかりて」という言葉が出てきます。

POPは短くてわかりやすい言葉のほうが伝わるので、編集作業と同じだと僕は思います。要らない言葉は捨てて、必要な言葉だけを入れ、強調するところは強調して、抑えるところは抑える。POPで想いを伝えるためには、「言葉の編集作業」が必要です。

商品の「価値」を伝えれば売れる

POPとはお客さまに対して、商品の表面的な良さだけを伝えるのではなく、その商品の「価値」を伝えるものです。

どんなに価値がある商品でもPOPが付いていないと、その価値が伝わらないので、お客さまは商品に気づきません。お客さまが気づかないということは、その商品がないのと同じです。

「価値があるもの」ということがPOPで伝わることによって、お客さまの目と足がその商品の前で止まるのです。

商品に価値があることを伝えるためには、その商品が売れている理由やオススメの理由、こだわりなどを書きます。例えば、

「人気商品で品薄状態なのですが、ようやく製造工場から分けていただきました！」

といった内容です。パッケージにはこういうことは書いていないので、POPがなければ、お客さまにはわかりません。商品の価値に気づいてもらうことができなければ、当然ながら売れません。

価値がある商品なのに価値を伝えていないから、物理的にはどんなにたくさんの商品があっても、お客さまには「商品が見えない」状態になっています。

その商品に価値があるのなら、販売員はそこにPOPを付けなければなりません。お客さまにはその商品価値が「わかりにくい」のではなく、その商品価値が「わからない」から売れない。だから、POPで商品価値が「わかる」ようにすれば売れるのです。

自分の店のPOPは自分でつくる

個店でもチェーン店でも、メーカーから送られてきたPOPをそのまま付ける店があります。チェーン店の場合には、本社でつくったPOPが送られてくることもあるでしょう。

でも、そのPOPで本当に商品が売れますか？ 他店で成功したPOPだからといって、自分の店でも成功すると思っていないでしょうか？

確かに、すでにつくられたPOPを付けるのはラクだし、便利です。

でもそれでは、メーカーや本社から「POPを付けなさい」と言われたからやっている、つまり「やらされている」という意識になっている

と僕は思います。全国チェーン店でも、九州のお客さまと関東のお客さまは違います。同じ地域のチェーンでも、工場に近いのか、駅に近いのか、立地条件が違えば、来店するお客さまが違います。

あなたの店には、あなたの店のお客さまが来るのです。

チェーン店でも「自分の店だ」という自覚を持って、自分の店で売る商品は、自分の手で売りましょう。

自分の店なのですから、POP も自分なりのつくり方があっていいのです。メーカーから送られてきた POP ではなく、本社から送られてきた全店配布の統一 POP でもなく、

「自分の店では、こういうことをお客さまに伝えたいのだ」

ということをきちんと POP に書くことが大事です。

それができるのは、POP を書く人が自店に来るお客さまのことを知っているからです。お客さまと話をしているから、何をどう書けば伝わるのか、接客している販売員が一番よく知っています。

大事なのは商品について自分で調べて、自分で体験してから、お客さまにどのように見せるか、伝えるのかを考えることです。

「うちの店には年配のお客さまが多く来るから、大きめの文字で POP をつくろう」というような、オリジナリティがあっていいのです。

その人が書いたもの、その店が書いたものは、他店にはない唯一の POP です。そのオリジナリティを出して、自分の店の POP は自分で書きましょう。

耳と目で「商品を買った後」を想像させる

お客さまと会話はできるのに、POP は書けない人がいます。

販売員が接客しているのは「声」ですが、声は音なので、右から左に流れていきます。前の会話に戻ることはできません。

耳から入った情報は、いわば垂れ流し状態。一方、POP は目で見るので、何度でも確認できます。

つまり、POP があれば、お客さまは販売員の話を聞きながら、POP を見て確認ができます。耳と目の両方を使ってお客さまに説明してあげるつもりで、POP を書きましょう。お客さまは、POP に書いていないプラスαの情報を、販売員との会話から確認することもできます。

POP に書かれた内容が商品説明だけでは、お客さまは「買う」という行動には移りません。お客さまが「商品を買った後」のことを想像してもらう言葉が必要で、お客さまが「わあ、おいしそう！」「これは便利！」と思ってくれるような言葉です。

それを想像させる言葉が「モノ」ではなくて「コト」であり、だからコト POP は「売れる POP」になります。

店内でのお客さまの行動は、「買う」以外にも、商品を手に取る、試食するなどがあります。せっかく POP を書いても「試食できます」だけでは、お客さまは試食して「まあ、おいしいかな」と思っただけで買わないかもしれません。

POP を書いた本来の目的は、試食をしてもらうことではなく、買ってもらうことだったはずです。その本来の目的を意識せずにただ漫然と書いていると「売れない POP」になってしまいます。それは、お客さまに伝わっていないということです。お客さまにどのように行動してほしいのか、それを伝えるのが POP なのです。

試食コーナーの POP なら「コレはアツアツのご飯と一緒にぜひ！」などの言葉を書けば、お客さまは「アツアツのご飯に合うのね」と想像します。そういう食べ方をしてみたいな、と思ってもらうことが買う理由になるのです。

他にも、食品ならば「お味噌汁に入れても OK」「ごま油をちょっと垂らしてもおいしい」「お酒のアテにもどうぞ」など、商品を買った後でどのような料理に使えるのかを提案するといいでしょう。
お客さまは、商品に関する事前情報によって行動するので、購入後のことを想像してもらうことが大事です。

POPは時間マーケティング

POP は販促ツールですが、僕は「マーケティングでもある」と考えています。なぜなら「どうすれば商品が売れるのか？」と考えるのがPOP だからです。
店は、時間帯によってお客さまの層が違います。
例えば、食品スーパーなら、平日の午前中はシニア層が多いでしょう。午後になると専業主婦が、夜になると仕事帰りの主婦や OL、サラリーマンが多くなります。当然のことながら、売れるものも変わります。
売れるものが変わるので、時間帯によって売場の商品を入れ替えている店もあります。同じように、POP もお客さまに合わせて変えることを僕はオススメします。
例えば、お惣菜売場なら、午前中はシニア層向けの少量パックを充実させて、簡単にできるメニュー提案を書いた POP を付けます。夕方には、家族向けの大容量パックに POP を付ければ、忙しい仕事帰りの主婦でも買いやすくなります。実際に、お客さまや商品の在庫に合わせて頻繁に POP を変えている店もあり、ほとんど商品ロスがないそうです。

以前、僕が POP のコンサルティングをした移動販売の弁当店の例をご紹介します。
この店は平日の 11 時から 14 時まで、オフィス街で弁当を販売しています。弁当が売れるピークとなるお昼休みの 12 時から 13 時の間は行列ができるほどですが、その前後はとても空いていました。

そこで、ピーク前の11時から12時の時間帯には、お客さまが複数の弁当からじっくり選べるようなPOPにしました。

ピークの12時から13時には「今日のおすすめはコレ！」というように、お客さまが迷わないためのPOP。

ピーク後の13時以降は、売れ残った商品を売るためのPOPです。

このように、その時間に合うようなPOPを付けたところ、商品を完売させることができました。

つまり、この店では**「POPで時間マーケティング」**をしていたのです。

販売員がお客さまに合わせてトークを変えているように、POPもその場や時間帯に合わせて変えれば、もっと売上げは伸びます。でも、それはメーカーから与えられたPOPではできません。手書きやパソコン、POPKIT（iPad・iPhoneでつくる無料POP作成アプリ）などを使い、柔軟に対応することが必要です。

POPで会話を増やして「ファン」をつくる

店はいつでも「お客さまのために」あるものです。

しかし、チーフでも店長でも、最初の頃は「お客さまのために」と言っていた人が、いつの間にか「会社のため」「売上げのため」というふうに先行・優先するものが変わってきてしまいます。

POPはお客さまに向けて語りかけるもの、「お客さまとの会話を増やすツール」です。

商品がどれだけ売れたかという「数字」ではなく、**お客さまとどれだけ会話できたかという「会話量」が、店の売上金額や買上げ点数に比例していく**のです。

POPは「人」がつくるので、書き方によっては「人格」が出ます。

POPには「商品に関する情報」と「人から発する言葉」という2つの意味があります。

お客さまは商品の情報も気になりますが、「私に語りかけてくれている」ということも大事なのです。

作業や調理をするためにバックヤードに入って、店頭に出られないのであれば、POPを「もう一人の自分」と考え、POPから「声」が出るようにしましょう。お客さまとの会話が深くなればなるほど、常連のお客さまやリピーターが増えます。

「お客さま」というと、必要なものだけを買いに来る人もお客さまですが、店の「ファン」になると、商品を価格で選ぶのではなく、店や店員との信頼関係があるから買うようになります。

お客さまに「あなたが売っているものは信用できるから買う」という意識を持ってもらえれば、たとえ他店と同じ商品であっても、お客さまからは「この店で販売されている商品は他とは違う」と見えるようになります。「ここに来ると、いつも何かがある」という、店に来る期待感やワクワク感をPOPで伝えることもできます。

これからは、普通のお客さまを「ファン」にする、お客さまとのつながりや関係性をつくっていくことが大事です。

ファンは店を支持してくれるので、「この店いいよ」というクチコミを自然に拡散してくれます。

そういう**ファンを一人でも増やしていくことが、これからの店には一番大事なことです。**

それができるのが、あなたが書いた、あなたの店のPOPなのです。

48 いきなりホッター先生登場！

聞けば納得！ いきなり先生とその理由

私の職場は「売場があり、POP がある」環境。私もスタッフも POP に対して「POP が売場に大事なことは充分わかってる。でも時間もセンスもない。どうしたらいい？」と思っています。どの業種の人も同じだと思います。

私は、「POP の学校」に参加したことで、山口校長や POP を楽しんで書く方々と出会って、「POP は楽しい！」「誰だって書けるショック」を受けました。「POP の学校で習ったことを私だけが知ってるなんて、もったいなさすぎる！ みんなにも知ってもらいたい！」という想いが大爆発して「近隣店舗合同の POP 講座」を企画しちゃったのです！

私はまだまだ上手な POP は書けません。だけど**「みんなで楽しくワイワイ POP を書く場所をつくることは私にもできるかも！」**と思ったのです。POP 講座の当日は 12 人のスタッフが参加。「私が思っていた以上に、POP に関心があるんだ」とうれしい反面、緊張もハンパなかったです。誰かに「教える」には、たくさんの準備と周囲の協力が必要、ということがよくわかりました。

資料づくりや時間配分など、何から何まで初めてづくしの私を見かねたスタッフが手助けしてくれたり、別の場所で POP を教える方からアドバイスをいただいたり……本当にありがとうございました。

48 いきなりホッター先生登場！

みんなに同じように伝えても、講座の終わりには、まずまずできた人と、1枚しか書けなかった人がいました。結果はいろいろでしたが、「こう書けばいいんだ！」という気づきをひとつでも伝えられたらいいと思います。もともと「教える」って、完璧にPOPを書ける特別な人しかできないと思っていた私ですが、実はそんなことないんですね。

私のように「POPをみんなで書きたーい！」からスタートするケースもあるんです（笑）。

だって、みんなで書いたほうが、他の人の書き方も見ることができて勉強になるし、何よりワイワイ楽しいじゃないですか♪

後日、なんと「書けなかった〜!」とモヤモヤした様子で帰って行ったPOP講座の参加者たちから、「POPの道具を揃えた」とか「新しいPOP仲間を見つけた」など、うれしい連絡がたくさん来たのです!

POP講座前は「POPが苦手」の人がいっぱいでした。でも「どうせできないし、やめた」とならずに、**「自分に合ったPOPを楽しく続ける方法」**を探したみんなに、すごい……私も頑張ろう!とワクワクして、感涙ものでした! 楽しんでPOPを書いている姿が、誰かを刺激し励(はげ)ましています。これからもまた、いろいろな方とPOPをつくる場所をつくっていきたいな!

49 POPKIT コンテスト結果発表！

ドキドキの結果発表に号泣したのは本当です

iPad・iPhone さえあれば、誰でもサッと POP をつくることができるアプリ「POPKIT」は、雑誌「販促会議」「商業界」「Mac Fan」や「日経」にも掲載されたこともある、神アプリです☆☆。私は、テーマ商品７つから好きな商品を選んで POP をつくる**「POPKIT コンテスト」に応募しました！** そして、結果発表の日……。ドキドキしながら、スマホで結果を確認すると……。

あった！ あったんです！ 私の名前が！ ありがたいことに、応募した２作品、どちらも選んでいただけました！ うれしくて、スマホの画面に涙をこぼすほど、マジで号泣しました！ (>_<)°。

実は、「POPKIT コンテスト」の締切り日の夜、自宅の Wi-Fi の接続状態が最悪どころか激悪でした……。仕方がないので、急きょ、Wi-Fi のあるコンビニへ駆け込んで、そこのイートインコーナーで POP の作品をつくったんです。

iPad はまだ買ったばかりだし、POPKIT もほぼ初挑戦！

未経験だらけでアタフタして悪戦苦闘だったけど、なんとか締切りの時間に間に合わせて、セーフ！

そんなこんなでつくった POP が、２作品とも入賞できて、本当に、本当にうれしかった！ ありがとうございました！

50 センスがなくても POP は書ける！

ホッターの POP 制作をイラストで実況中継！

まずは、気楽に自分がお客さまに
オススメしたい商品
のPOPを書いてみよう♪
おっ
この減塩せんべい、うまっ!
味がちゃんとあってうんめ〜♡
バリボリ
たべて〜
これはぜひとも紹介したい!
陳列してるだけじゃ伝わらないよぉ〜

①POPを書くスタートは
商品の情報収集から!!
ここには一番時間をかけよう一!!
HPには商品誕生の裏ばなしとか、パッケージにはのってないこだわりも載ってるかなぁ〜。
本音だし!
お客さまは知りたいよね。
私が食べた感想も、
スタッフの感想とか他のお客さまの声も、きっと知りたいよね〜!
…まあ!悩んだとき商品名って手もあるしねえ〜!
うーん
スマホ
ピン!ときたノート
パンフレット

②でね！POP1年生が
POPを書く時に必要なのは…
お客さまの目と足をロックオン！
キャッチコピー
イラストは、あってもなくてもOK！
なるほど！と思わせる
説明コピーの2つ！
実はコレね、友達に話す時と同じように
フツウの言葉でいいんだよ！それが一番伝わるよ♡

③なんだかんだでいつも迷っちゃうレイアウトだって
上下型でOK
迷うことナッシング〜
キャッチコピー
説明コピー
商品名
横型
縦型
キャッチコピー
説明コピー
商品名

④なんだかんだで地味に時間を食う道具選びも
紙は白!!
バッチリ
マーカーは3色でGO!
みんな 行くぞ〜!
お――――――!!!
太いマーカーがなくても、何回も引けば同じこと!

⑤よおし書くぞ!一番はじめに
枠!
黄色のマーカーでPOPパターンを書くよ。
ちなみに… 紙とマーカーには相性がありますよ!
しかも裏うつりした―!!
すごくにじんだ―!
ヤバイ!
書く前に、ちょっとだけ確かめてみてね♡
キュキュ――――
先に黄色のインクを乾かしておくよ〜!!

⑥文字を書く時のスピードは
いつもより、ゆっくり〜
文字の最後を止めると読みやすいPOP文字になるよ！
文字の大きさでマーカーの太さを変えよう！
減塩せんべいの中で
一番うまか

⑦最後に赤のマーカーで
お客さまに注目してもらおう！
自分が、どうしても伝えたいところにラインを引こう！
たくさん引きすぎると、伝えたいコトがどれかわからなくなってしまうので、気を付けて♥
減塩せんべいの中で
一番うまかぁ〜
減塩せんべい ￥○○

いろいろ
想像していたセンスがなくても…!
ね!
POPが書けた!
ほらっ
減塩せんべいの中で
一番うまかあ〜
減塩せんべい¥OOO(…)
よぉ〜し!
もう1枚!!

商品のさまざまな使用方法を訴求したPOPは、商品デザインを生かしたディスプレイとセットで注目度を上げた。

倭物やカヤ 仙台名取店

和小物雑貨店／宮城・名取市

高橋　弘美さん

「自分はPOPを書けなくても教えるコツはわかります」

チェーン展開している店にとって「各店舗のPOPをどのように統一するか」は悩みのタネ。また、スタッフにPOPの指示や指導をする店長やマネージャーは、必ずしもPOPが上手とは限りません。

全国に12店舗（2017年3月現在）を展開する「倭物（わもの）やカヤ」では、全店舗で統一感ある手書きPOPをつくってブランディングに成功。このうち「仙台名取店」では、まったくPOPを書けない店長がスタッフに

POP を指導しています。

この店では、和小物や和雑貨、工芸品などを扱っています。あめ玉やかんざしなどの小さなものから、タオルや風呂敷、鍋や陶芸品などの大きなものまで、さまざまなアイテムがあり、中には「これは何に使えばいいのだろう?」と思うものや、伝統的でよく見るけれど、実は深い意味があるものもあります。

天井空間の大きな POP は、お客さまを誘導する役割と、生活の中での商品イメージを伝えるという役割がある。

このような店には、POP が欠かせません。店内では、次のような特徴の POP が活躍しています。

- **白色用紙にカラーの模様入り縁取りがある台紙。**
- **墨色の筆文字で、書体はインパクトあるオリジナルの「カヤ文字」。**
- **色紙などを切って貼ることはあるが、手書きイラストは入れない。**
- **商品名や産地名の他、この商品をどのように使えばいいかを書く。**
- **この商品からイメージされる雰囲気を言葉にして書く。**

この店の仙台名取店では、高橋弘美店長が POP の指導をしています。POP を書いているスタッフたちは、次のような効果を実感し、売場や商品に今まで以上に興味を持つようになりました。

- **自分が書いた POP の前でお客さまが足を止めて、売場や商品を見てくれる。**
- **POP をきっかけにお客さまとの会話が増えた。**
- **お客さまから「筆文字のあったかさがいい」という声をいただいた。**

このような効果は、高橋さんの指導のたまものです。「POP のコピーはスタッフと一緒になって考える」という高橋さんに、コピーを生み出すポイントを聞きました。

- **商品のホームページなどを調べて、工芸品なら産地やつくり方など、お客さまが知りたいと思う情報を入れる。**
- **ホームページの言葉が難しかったり、硬い場合には、その言葉をやわらかいイメージのものに変える。**
- **商品の良さや特徴を調べつくす。その情報に、お客さまとの会話で出てきた言葉をからめる。**
- **ギフトとして提案するなら「こういう人にあげたいな」「こういう気持ちに合うものがいいな」とお客さまの気持ちを代弁する。**

「商品について調べつくす」と高橋さんが言っているように、POP を書く人は商品をよく知らなければなりません。また、お客さまと会話した時に「お客さまはどんなことを知りたがっているのか?」という意識を持つのも、

お客さまが気軽に、スタッフに声を掛けられるよう、試着が必要な履き物にも、あらかじめ POP で垣根を取り払っておく。

POP を書く上で大事なことです。

高橋さんは、POP を売場づくりと同じくらい重要と考えています。「先に売場をつくって、POP を後回しにすると、お客さまにはわかりにくく、買いやすくないから」というのがその理由です。

このため、売場をつくる前から、POP の内容や大きさ、売場のどこに POP を付けるのかを担当者と話し、売場の出来上がりと POP の設置が同時に完了するようにしています。

文字の大小・太い細いがしっかりと書き分けられ、読みやすくわかりやすく仕上がった POP。ギフトの提案もある。

POP はなくてはならないもの、と考えている高橋さんですが、実はご自身は POP が書けません。でも、スタッフからは「店長は POP は書けないけれど、書けない人だとは思ったことがない」と言われています。

それは、高橋さんが他店で撮った POP の写真や、店長会議で聞いた POP を上手に書く人の話など、自分が持っている POP の情報をスタッフと共有しているからです。高橋さんの「自分が書けない分、みんなに情報を伝えなければ」という想いがスタッフにも伝わり、「次はこの売場を変えるから、新しい POP を付けましょう」と自発的に動いてくれています。

高橋さんは、スタッフに次のような方法で POP を指導します。

- **POP を書けない人や苦手な人がいても「下手だからダメ」と言わない。**
- **「POP を書きなさい」という命令口調ではなく、「少しずつ書けばいいよ」と促す。**
- **小さなものから少しずつ、書けるものから書かせて、うまくできたらほめる。**

- **書いたものを見て「この文字は小さいけれど、この文字はいい」「このPOPでお客さまに何を知らせたい？」などと会話をしながら、必ずいいところを見つける。**
- **POPが書けるようになるまでは時間がかかるので、状況次第でベテランのスタッフにも書いてもらうなど、スタッフ同士でPOP作成を分担する。**

高橋さんがこのように指導したところ、以前は「自信がないからPOPは書けません」と筆ペンを持つことも嫌がっていたスタッフが、一生懸命に練習するようになり、1年後には自分からPOPを書くようになったそうです。POPを指導する時は、相手をほめることと、たくさん練習してもらうことが大事なのです。

この店でPOPを書けなかった人が書けるようになったのには、もうひとつ秘密があります。

それは、「倭物やカヤ」全店舗に共通するPOPマニュアルで、この店を運営する株式会社アミナコレクションが作成しました。このマニュアルについては、販売本部エリアマネージャー西山昌子さんに聞きました。

全店舗のPOPは手書きで、「カヤ文字」と言われる独自の筆文字です。POPマニュアルは、カヤ文字で「あいうえお」を書いたお手本と、本部が考えるPOPについての指針がセットになっています。指針は、POPに手書きイラストは入れない、台紙のつくり方を共通にするなど、複数の店舗であっても統一感を出すための工夫が随所に見られます。

カヤ文字は「カヤらしさ」と「お客さまに響くPOP」ということを考えて、**筆文字ですが習字で書く美しい文字ではなく、独特のインパクトがある書体になった**そうです。「POPはカヤのブランディング。カヤという存在を示すためにも、POPは欠かせません」という西山さん。店舗だけではなく、会社全体でPOPは重要なものと考えているのです。

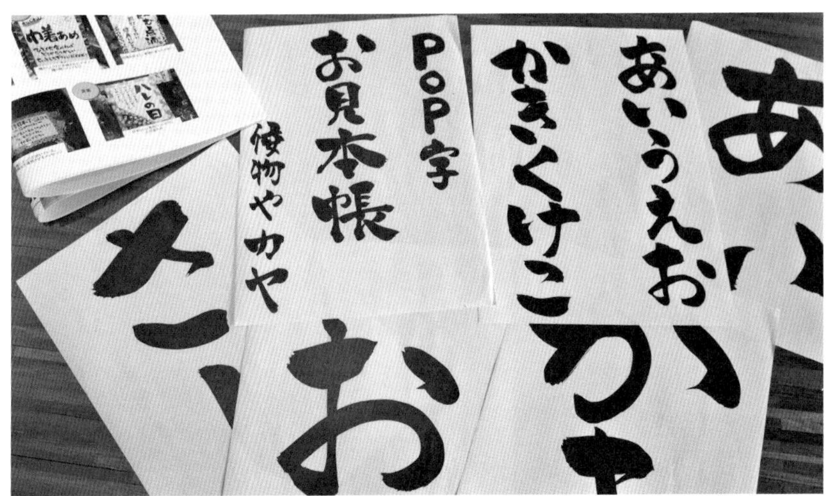

初めの筆画を太めにするなど独特のインパクトのある筆文字「カヤ文字」は、カヤブランドの「らしさ」を伝えるための社内共通言語。指針をつくり、書く人を育てている。

仙台名取店の高橋さんもスタッフも、POPを書くことを苦だと思わず、楽しんでいます。スタッフは「POPを付けたら売れた!」と喜び、モチベーションが上がるそうです。そこで、高橋さんからPOP 1年生がPOPを書くためのアドバイスをいただきました。

- **店のPOPのテイストや道具に慣れるまでは嫌だと思うが、書き続ける。嫌だからといって書かないと、いつまでも書けない。**
- **書いたものが成果につながるのを実感することで、次々に書けるようになる。**
- **自分のPOPで商品が売れたり、お客さまとの会話が増えたりするうちに「自分が書かなければ」という責任感が出てくる。**
- **最初は本人が苦痛に思っても、指導する側が「ここから書いてみようか」と促してあげると、その後は本人も楽しんで書くようになる。**

POP 1年生は「POPはどこから始めればいいんですか?」と困っている人も多いでしょう。POPは本人が練習することも必要ですが、指導する側もより具体的に、根気強く教えてあげることが大事なのです。

あとがき

振り返るとPOP 2年生になる頃には、僕はあんなに気にしていたPOP文字のテクニックに対する「何としても、うまくならなきゃ！」という意識が、完全に消えていました。急いで書いたPOPだったのに、ものすごく売上げを伸ばした経験をしたからです。お客さまは上手に書けたPOP文字で商品を買うのではなく、僕の考えたPOPコピーに共感して購入を決めたことに、初めて気づいた瞬間です。それからはPOPの仕上がりのキレイさよりも、お客さまはどんな言葉に反応するのか、それを考えることが楽しくなりました。

今、研修では、みんなが型にはまったPOP文字を手本に、文字の練習をする時間を設けていません。もちろん、お客さまに見やすく読みやすい文字を書かなければPOP効果が充分に発揮されないため、そうした文字のコツだけは伝えます。その後はそれぞれ、自分の文字にコツをプラスした自分だけのPOP文字をつくり出す作業です。

POPはもう一人の自分です。だから言葉も文字も、あなたそのもの。あなたのPOPは売場でお客さまと対面販売しているのです。だから肩の力を抜いて、フレンドリーに家族や友人とおしゃべりするようにコピーを書いてください。POP は継続して書いていれば、必ず売れる POP に変わっていきます。そのためにこの本が役立ってくれれば本望です。

POP 1年生は、たくさんの人たちの力を結集して、でき上がった本です。1年生のリアルな POP 生活をイラスト実況中継してくれたホッターこと堀田佳乃子さん。彼女は 200 枚超のイラストを1年生目線と、らしからぬど根性と体力を持って描き上げてくれました。また、そうごう薬局小郡東野店のスタッフの皆さん、ライターの長谷川敏子さん、前田和信さん。レイアウトデザインの須藤令子さん。表紙デザインなどを担当してくれた東里美さん、POP 1年生のロゴをつくってくれた緒方香菜子さん。コト POPper くんの生みの親の森井ユカさん。そして最後になりましたが、僕の迷路のような頭の中を交通整理して、道をはずさぬようゴールまで並走してくださった「月刊 商業界」編集長の笹井清範さんと商業界の皆さんなど、本当にありがとうございました。「POP の学校」のスタッフの渋佐浩美君、堀江明子君、MEI、お疲れさまでした。

Profile

山口 茂　やまぐち しげる

株式会社山口茂デザイン事務所 代表取締役
「POP の学校」主宰
POP 広告クリエイター技能審査試験 中央委員
日本コト POP マイスター協会 副会長
宣伝会議コピーライター養成講座 講師

「お客さまのメリットを伝えるコト POP の提唱者」であり、日本でただ一人のコト POP の指導者。35 年以上にわたって POP の制作指導・コンサルティングに従事し、これまでに実施した研修で約 29 万人の受講者を持つ。全国のスーパーマーケット、コンビニエンスストア、メーカー、小売店を飛び回って、お客さま心理に基づいた POP づくりで売上げアップのノウハウを伝え続けている。毎月開校している POP の学校の個人参加型研修「コト POP 勉強会」は日本全国から参加者が多く集まり常に満員御礼。キャンセル待ちが出る人気の勉強会だ。現在はオンライン研修も行っている。著作に、『コト POP を書いたら　あっ、売れちゃった！』『POP の教科書』（すばる舎）ほか。

取材協力

あたご屋／ギミック都市生活研究所
株式会社アミナコレクション／倭物やカヤ
株式会社飯田／飯田屋
すゞきや／エスマート橋田店
株式会社セブン - イレブン・ジャパン
総合メディカル株式会社

取材に協力していただいた方々の役職・肩書、および登場する商品等の名称・特徴・機能・効能等はすべて取材当時のものです。

本書は、2017年5月に 株式会社 商業界より
刊行された単行本書籍を改訂したものです。

POP1年生 “センス”がなくてもPOPは書ける！

2021年 1月20日　第1刷発行

著　者――――――山口 茂
発行者――――――徳留 慶太郎
発行所――――――株式会社すばる舎
〒170-0013　東京都豊島区東池袋3-9-7東池袋織本ビル
TEL　03-3981-8651（代表）
FAX　03-3981-0767（営業部直通）
振替　00140-7-116563
http://www.subarusya.jp/

Subarusya

印刷・製本―――株式会社 光邦

ISBN 978-4-7991-0950-2　Printed in Japan